東京 街なか山さんぽ

地形と歴史を楽しむ超低山ガイド

『江戸楽』編集部 著

Mates-Publishing

目次

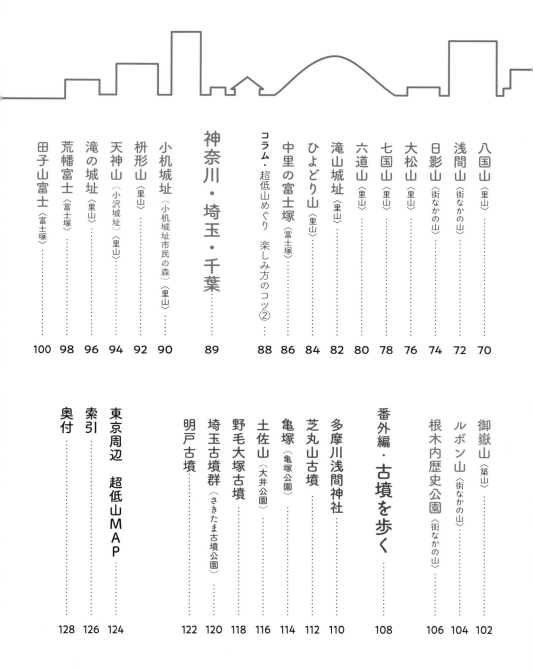

日本の国土は山地が多い。富士山を筆頭に、3,000m 級の山々が連なる日本アルプスから、高尾山など都心からのアクセスの良い低山まで、実に様々な山がある。大都会と称される東京でも、奥多摩に行けば緑の稜線がどこまでも続いている。

それらの山の登山やハイキングコースを紹介する本は数多く出版されているが、本書はそれらとは一線を画す“超”低山のガイドブックだ。超低山とは高さ 10m 未満だったり、高くてもせいぜい 70 m くらいだったりする、あっという間に登れてしまう山のこと。その山は、あなたの通う会社や学校へのルート上に、あるいは自宅のすぐ近くにあるかもしれない。だが、そんな小さな山でも、歴史あり自然ありと見どころに溢れている。

さあ、登ってみよう、街なかの超低山を。見晴らしは山によって様々だが、ひとつ言えることは、登ればきっと、いつも歩いている街並みとは違う景色が広がるということだ。

箱根山（P36）

――さあ登ろう、
街なかの超低山を――

本書の見方・使い方

❶ エリア

❷ ジャンル

❸ 名称

❹ 山の読み方、
通称・別称

❺ 街なか山さんぽ
マップ

→ ルート

Ⓐ―m―Ⓑ 高低差

❻ ここに注目！
「史跡」「仏像」
「こぼれ話」など、
見どころや
山にまつわる
エピソードを
紹介しています。

❼ **難易度** 難易度を★で示しています。

周辺の低地と山頂とのおおよその高低差です。本書に掲載している高低差は国土地理院の「地理院地図」（https://maps.gsi.go.jp）を参考にしました。（詳細は P64 参照）

マップ内ルートを巡る所要時間です。

所在地です。

最寄りの交通機関からのアクセスです。

・本書に掲載している情報は 2020 年 9 月現在のものです。

街なか山さんぽ

東京23区

ビルや家屋がひしめく都心部にも、こんもりと緑が生い茂る“山”がある。「こんなところに!?」という意外性こそが、街なかの超低山を登る醍醐味。東京の新たな一面が見られるかもしれない。

千駄ヶ谷富士（P40）

東京
23区

山頂まで一直線に階段が続く男坂

街なかの山

"出世の石段"として親しまれてきた

愛宕山《あたごやま》

都心を見晴らす 23区内最高峰

国内外の観光客で賑わう虎ノ門ヒルズからもほど近く、高層ビルの建ち並ぶ町中に急峻な階段が突然現れる。自然の山の中では東京23区内で最も高い愛宕山だ。武蔵野台地の東の端にあたり、山の東側斜面は縄文時代の海水面の上昇の際に浸食され、険しい崖になっている。

標高は25・7m。江戸時代にははるか江戸湾まで見晴らせたという。山頂に向かう方法は、男坂、女坂、車道、木製階段、神谷町方面からの急階段の他、エレベーターも完備。頂上には防火・防災・印刷・コンピュータ関係、商売繁昌、縁結び等の御利益がある愛宕神社が建つ。

丹塗りが目に鮮やかな山頂の愛宕神社

愛宕山を知らしめた講談の名作

愛宕山で有名なのは、何と言っても頂上まで86段続く長い階段(男坂)だろう。この坂は〝出世の石段〟とも呼ばれ、立身出世を願う人々が数多く願掛けに訪れてきた。〝出世の石段〟が、ここまで広く知られるようになったのは講談『寛永三馬術』によるところが大きいだろう。ドラマチックで誰が聞いても分かりやすい内容は、今なお多くのファンに愛されている。

物語の主人公は、丸亀藩に仕える武士である曲垣平九郎。寛永11年(1634)、三代将軍徳川家光が将軍家の菩提寺である増上寺に参詣した帰りに、愛宕山上に咲く梅の花を目にする。その美しい佇まいに見惚れた家光は、家臣に馬に乗ってその梅を取ってくるように命じた。急峻な斜面を前に誰もが尻込みする中、ただ一人名乗りを上げたのが曲垣平九郎である。平九郎は見事に馬を操って斜面を駆け上がり、梅の枝を手折って駆け下ってきた。これを喜んだ家光は平九郎を「日本一の馬術名人」と激賞したという。この逸話に因んで男坂は〝出世の石段〟として知られるようになり、愛宕山もまた人々に親しまれるようになった。

山頂へ続く2つの石段。左が短いが険しい男坂、右は緩やかだが長い女坂

境内に咲く「将軍梅」。平九郎が手折った梅の木がこちらとされる

頂上から眺めると、その急坂ぶりが一層よく分かる

石段のエピソード その真実やいかに

『寛永三馬術』の主人公・曲垣平九郎が実在の人物であったかは定かではないが、モデルとなったと思われる逸話があったようだ。江戸時代には平九郎を除いたとしても23名が馬で登頂に成功したと伝わっている。新聞記事等で確証が取れる明治時代以降のものに絞っても、明治時代には馬術師の石川清馬、大正時代には陸軍参謀本部馬丁の岩木利夫が成功。また、昭和57年（1982）にはスタントマンの渡辺隆馬氏も登頂している。

この中でも岩木利夫が上った際には、愛宕山山頂でラジオ放送を始めたばかりの東京放送局が、その模様を生放送で中継を行った。「上り」が成功した後、「下り」もあることを臨時ニュースで知らせたところ、大勢の人がたちまちに見物に訪れたという。上りは一気に駆け上った岩木であったが、下りは一段一段慎重に降りざるを得ず、地上に辿り着くまでに45分もかかったそう。無事に下りきった頃には人馬共に疲労困憊。馬はすっかり白目を剥いてしまい、臀部や前足の後ろ側が血だらけになっていたという。

山頂のNHK放送博物館。愛宕山とラジオ放送のかかわりをはじめ、放送の歴史や最新技術を展示紹介する

この他にも愛宕山は数多くの歴史の舞台となっている。訪れた際には、そんな逸話にも想いを馳せながら、一段一段上っていきたい。

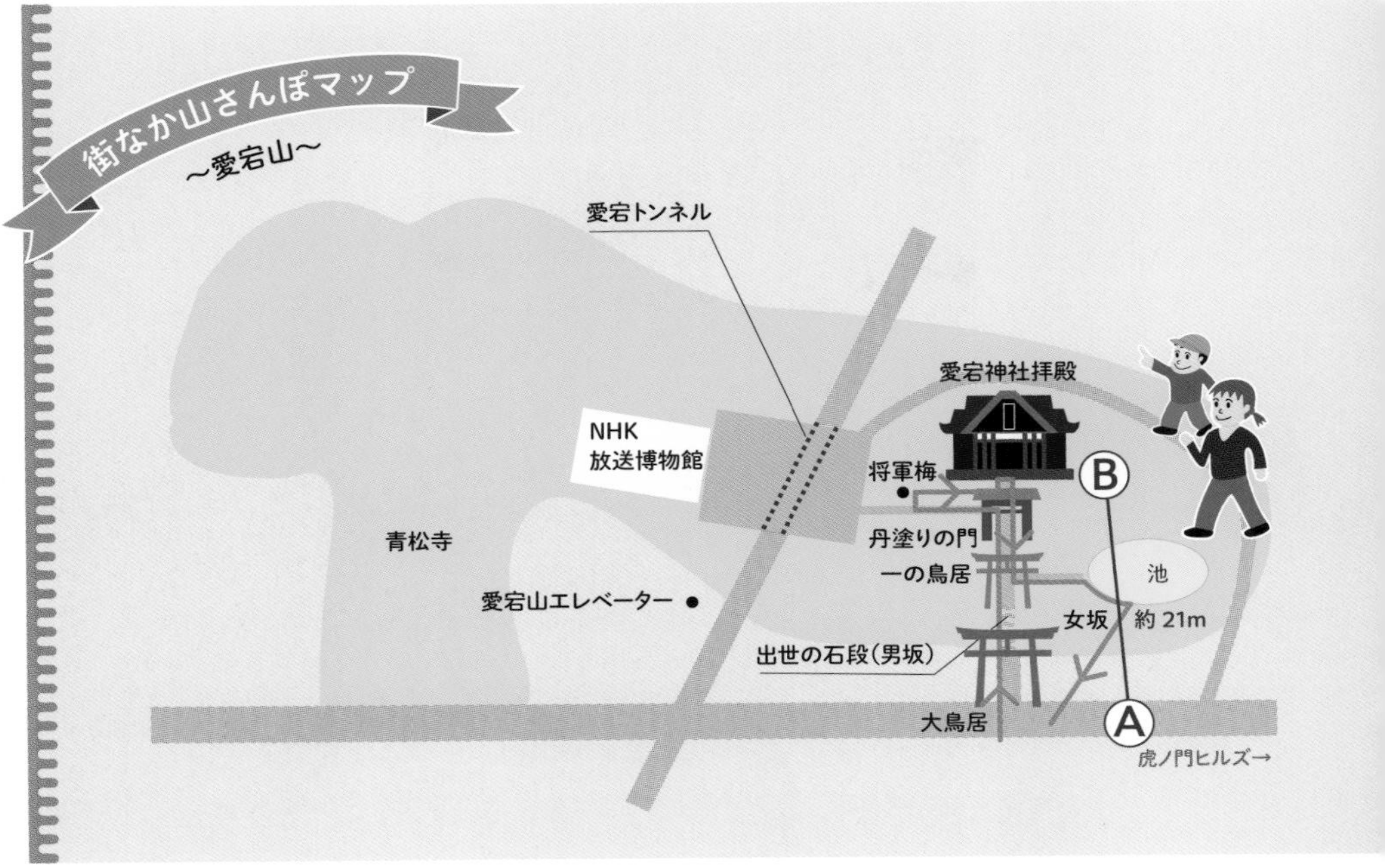

こぼれ話

ここに注目！

児盤水《こばんすい》の伝説

かつてこの地には「児盤水(小判水)」と呼ばれる霊験あらたかな名水が湧き出ていた。その水で水垢離を行い、神仏の加護を願った源経基は、平将門の乱を無事鎮めることができたという。出世の石段を上って右側の池は「児盤水の滝」として知られている。

ここに注目！

史跡

家康ゆかりの防火の神様

愛宕山の山頂に鎮座する愛宕神社の創建は、江戸幕府が開かれたのと同じ慶長8年(1603)。主祭神は、火を司る火産霊命《ほむすびのみこと》。徳川家康により防火の神様として祀られた。

Data

難易度：★★★

21m

20分

東京都港区愛宕

東京メトロ日比谷線
「虎ノ門ヒルズ」駅徒歩7分

東京タワーの真下に広がるもみじ谷。名前の通り、秋にモミジが見ごろを迎える

築山

東京タワーのお膝元に広がる渓谷

もみじ谷

もみじだに

都会の喧騒を忘れさせる緑濃き渓谷

東京タワーの麓に広がるもみじ谷は、二代将軍徳川秀忠が江戸城内にあった「紅葉山」からカエデの木を移植したことから、かつては「紅葉山」と呼ばれ、江戸庶民に親しまれていた。多くのモミジやカエデが植えられている緑豊かなこの場所に、明治39年（１９０６）、紅葉滝が施工され、昭和59年、令和2年に改修工事が行われた。せせらぎの奥には高さ10mの「もみじの滝」が流れ、都心にいることを忘れさせてくれる。斜面に沿って石段を上がると山頂付近に如意輪観音が祀られている。木々の隙間から真上に望む東京タワーは圧巻。不思議な感覚をもたらすスポットだ。

崖上から流れる「もみじの滝」。昭和60年に復元された

街なか山さんぽマップ
～もみじ谷～

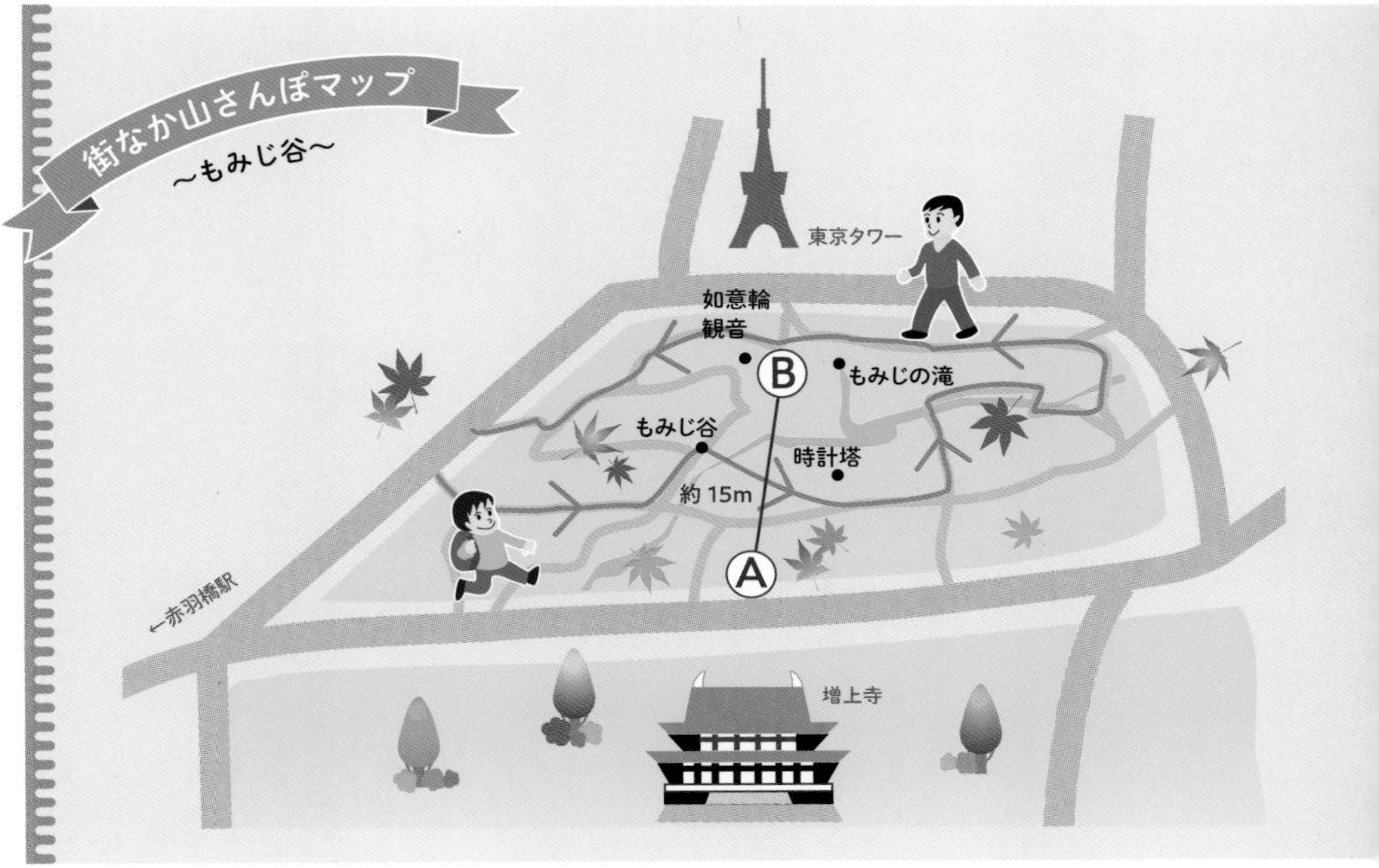

こぼれ話

ここに注目！

画像提供
岩波書店

金色夜叉の本当の舞台 !?

明治時代にこの地にあった料亭「紅葉館」は、政財界の集まりや外国人接待などに使われた会員制の高級料亭。文壇サロンとしての役割も果たし、常連客の一人に尾崎紅葉が名を連ねていた。代表作『金色夜叉』に登場する「お宮」は、「紅葉館」の人気芸妓・大橋須磨子がモデルと言われている。

ここに注目！

Data

難易度：★★

15m

15 分

東京都港区芝公園

都営大江戸線「赤羽橋」駅
徒歩 6 分

仏像

如意輪観音

崖上の小さなお堂には、如意輪観音が安置されている。人々を苦悩から救って、あらゆる願いを叶える観音菩薩、6 本の手で六道（※）すべてに救いの手を差し伸べるとも言われている。

※地獄や天上など、生前の行為の善悪によって死後に行き先が決まる6つの世界

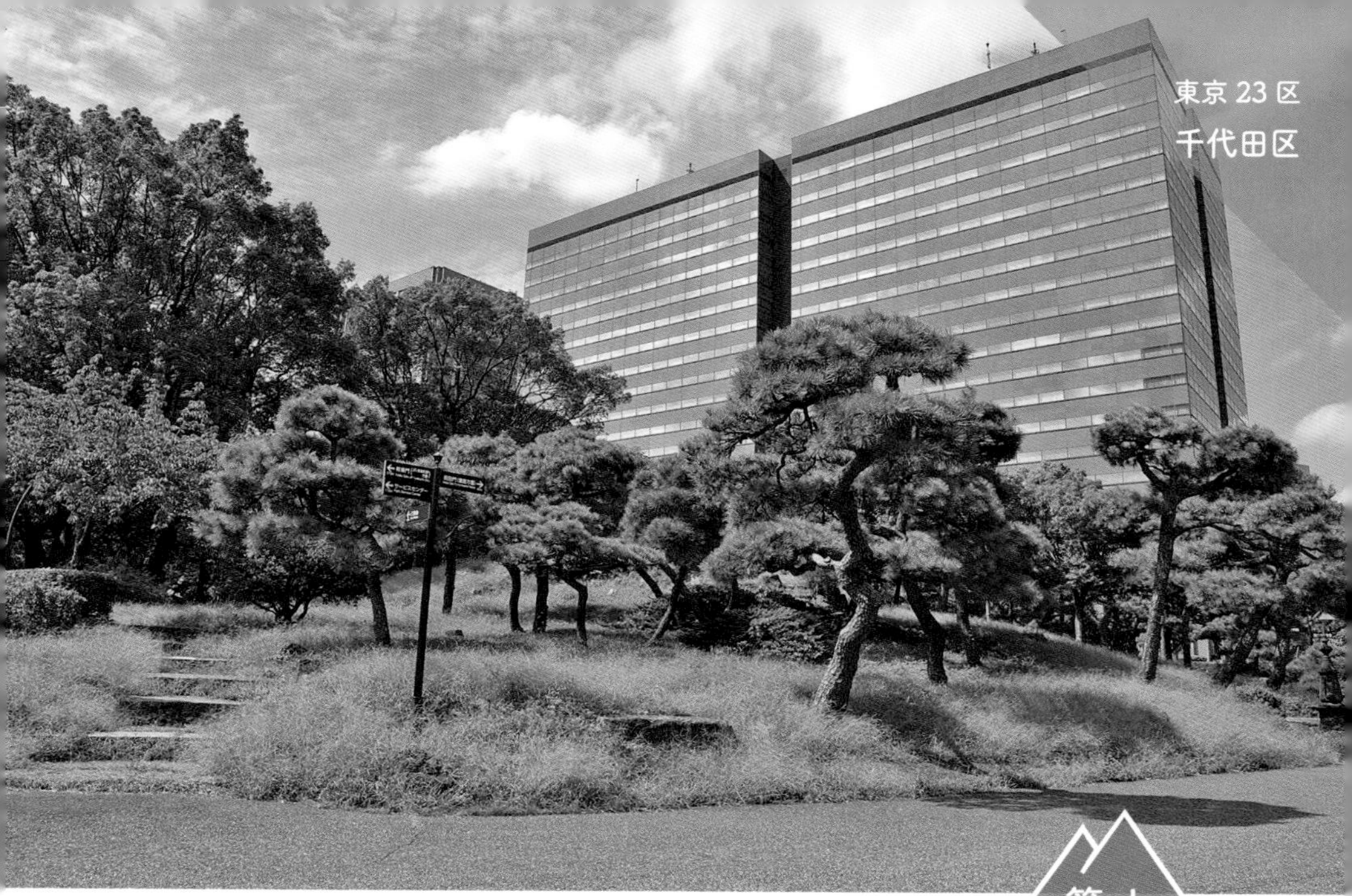

江戸時代は大名屋敷、明治時代は陸軍練兵場だった日比谷公園の祝田門側に位置する築山

築山

日本初の洋風近代公園・日比谷公園

三笠山
（日比谷公園）
みかさやま

霞が関や丸の内のビル群を望む小山

日比谷駅A10出口すぐの有楽門から日比谷公園へ入って三笠山を目指す。心字池、第一花壇、テニスコートを左手に眺めながら進んだ先に、松の木が植わるこんもりとした山が見えてきた。明治36年（1903）に開園した日比谷公園の造成時に、池などを掘った残土で造られたのが三笠山だ。三つの笠を伏せた形に似ていたのでこの名がついたと言われるが、テニスコートの造成や周辺の整備に伴って山の形は変わった。山頂へ続く石段は四方にあり、頂上へはすぐに到達。三つの山の一つであったと思われる、奥に続く小山には、アメリカより寄贈された「自由の鐘」が建っている。

幾何学文様の洋風花壇・第一花壇のペリカン噴水。園内は他、見どころ多数

街なか山さんぽマップ
～三笠山～

日比谷公園全体図

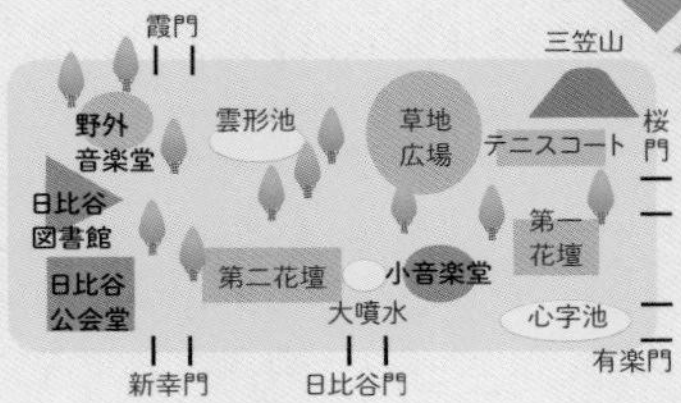

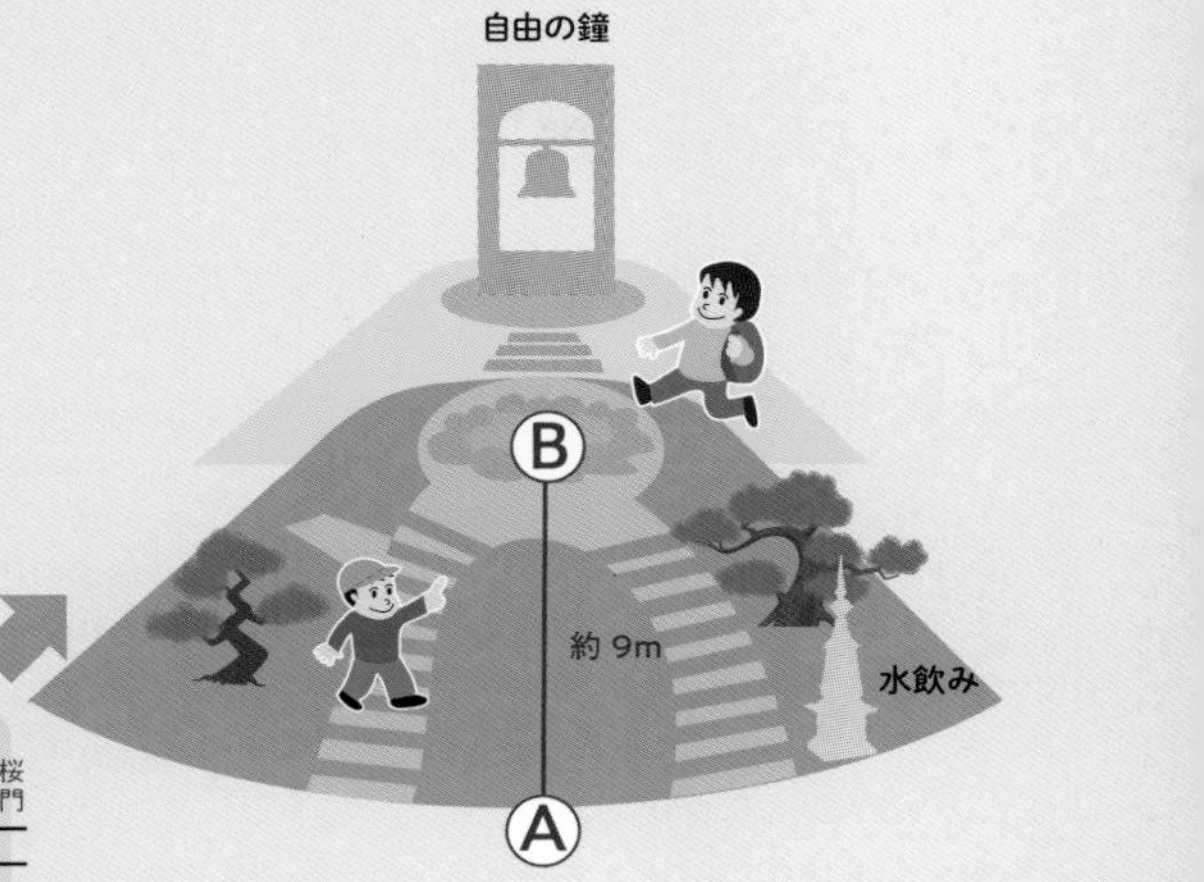

こぼれ話

ここに注目！

伊達政宗の外桜田上屋敷

仙台藩祖の伊達政宗から三代仙台藩主綱宗の時代、日比谷公園には仙台藩の上屋敷があった。政宗の時代には、徳川家康が三度、二代将軍秀忠と三代将軍家光が四度この地を訪れたという。江戸参勤の際の寛永 13 年（1636） 5 月、政宗はここで 70 年の生涯を閉じた。

ここに注目！

史跡

山の裾野に置かれた水飲み

細やかな装飾が施された鋳鉄製の水飲みは、日比谷公園の開設時からのもの。当時の陸上交通の重要な役割を果たしていた馬も水が飲めるような形となっている。

Data

- **難易度：★**
- 9m
- 15 分
- 東京都千代田区日比谷公園 1
- 東京メトロ日比谷線「日比谷」駅徒歩 6 分

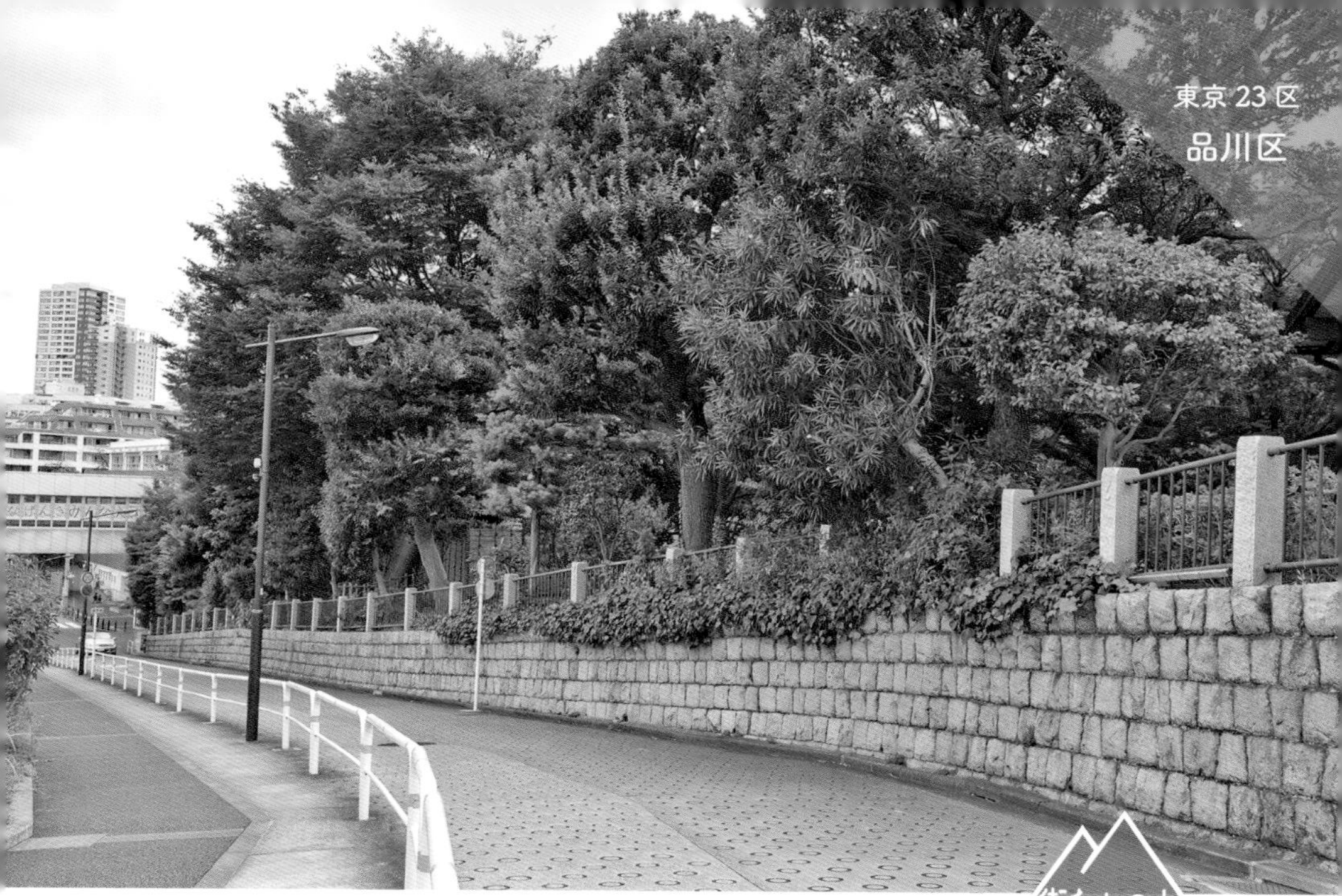

高低差 9m。山肌はツツジやアジサイで彩られる

街なかの山

閑静な住宅街に残る江戸の面影

池田山

（池田山公園）
いけだやま

江戸を偲ばせる池泉回遊式庭園

大使館や高級マンションが並ぶ閑静な住宅街の一角に池田山公園が現れる。品川から目黒に連なる「城南五山」は、御殿山、八ッ山、島津山、池田山、花房山の五つの低山から構成され、中でも丘と谷の規模がもっとも大きいのが池田山だ。寛文10年（１６７０）、備前国岡山藩池田家がここに下屋敷を構えたことより「池田山」と呼ばれるようになったという。崖下の湧き水を引き込んだ池泉回遊式庭園で、せせらぎの音が心地よい。奥へ進むと、今もこんこんと湧き水が湧き出て、池では大ぶりの鯉が悠々と泳いでいる。石段を上った先の東屋で一服するのも良いだろう。

中央の池には石橋が架かる。四季折々の美しい草花が迎えてくれる

開 7:30 ～ 17:00(7 ～ 8 月～ 18:00)
年末年始休園

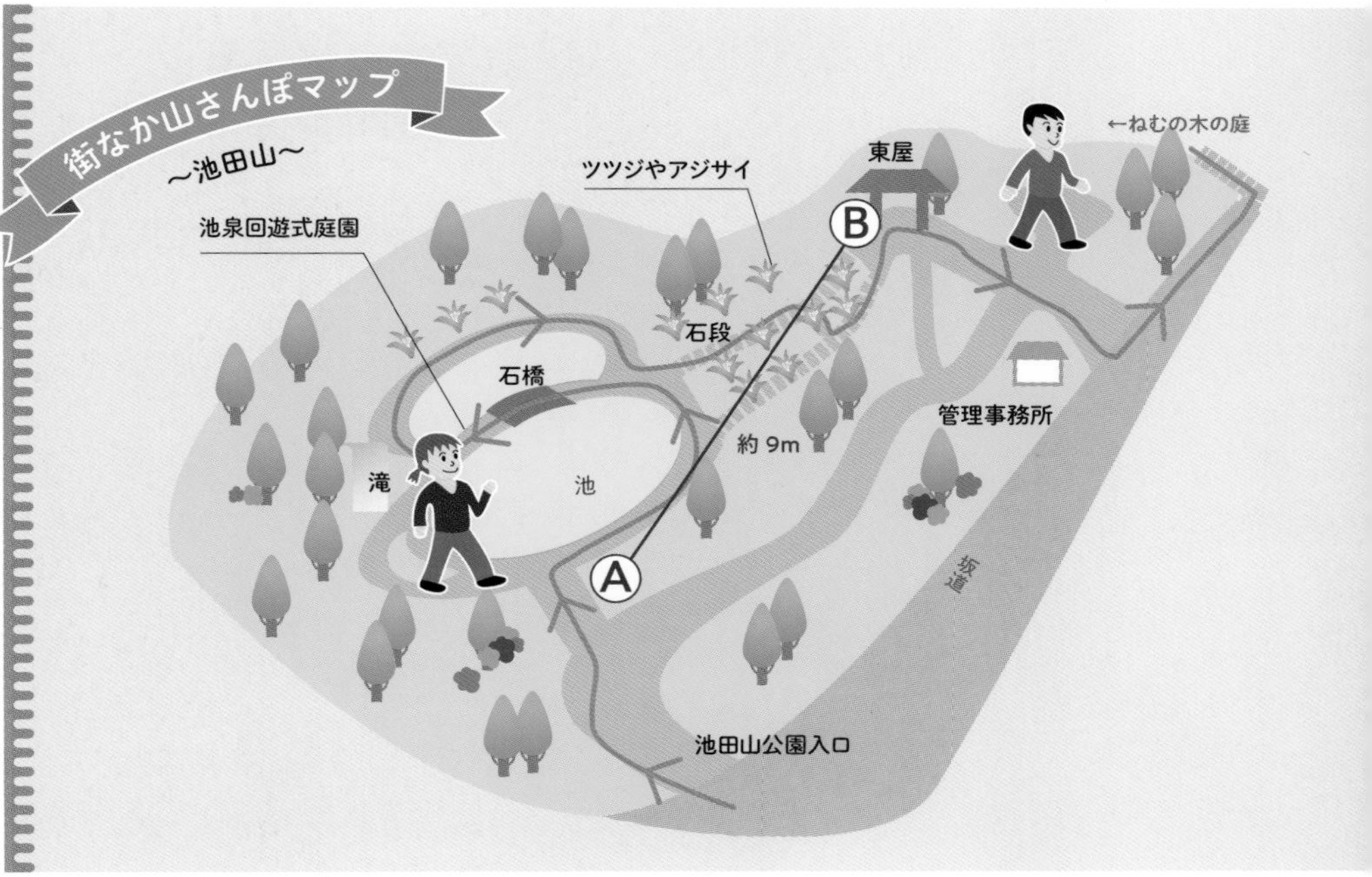

こぼれ話

ここに注目！

上皇后陛下ゆかりの「ねむの木の庭」

池田山から歩くこと約５分。ねむの木の庭は、上皇后陛下・美智子様の御実家正田邸の跡地に平成 16 年に開園した公園だ。美智子様ゆかりのバラ「プリンセス・ミチコ」をはじめ、多くの草花が植えられている。

品川区東五反田 5-19-5　開 9：00 ～ 17：00　年末年始休園

ここに注目！

近隣住民の憩いの地

こぼれ話

大名屋敷だった池田山は、明治以降、池田侯爵邸として使用され、その後は宅地として大部分が分譲された。現在ある庭園は、当時奥庭と言われていた屋敷のほんの一部分で、昭和 59 年（1984）に池田山公園として開園した。

Data

難易度：★★

- 9m
- 15 分
- 東京都品川区
東五反田 5-4-35
- JR「五反田」駅
徒歩 15 分

高台にある品川神社の中腹にある品川富士。頂上からの眺めは抜群

富士塚

都内にある富士塚で一番の眺め 品川富士

しながわふじ

高台の品川神社内に聳《そび》える富士塚

明治2年（１８６９）、品川丸《まる》嘉《か》講社《こうしゃ》の信者約３００人によって造られた品川富士。現在でも富士講の人々によって守り継がれている。第一京浜に面する品川神社の龍の鳥居を潜り石段を上って行こう。53段ある石段の中腹左手の鳥居が登山口だ。山肌は火成岩で覆われゴツゴツしている。頂上まで合目の案内があり、5合目にすぐに到着。そこから一気に石段を上がっていくと頂上だ。京急電車の向こうのビルの隙間からレインボーブリッジが望め、抜群の眺望。絶景を堪能した後は5合目まで下って、登山口とは反対方向へ進んでいくと、浅間神社が祀られている。

文治３年（1187）に、源頼朝が建立した品川神社。関ヶ原の戦いの際には家康も参拝したという

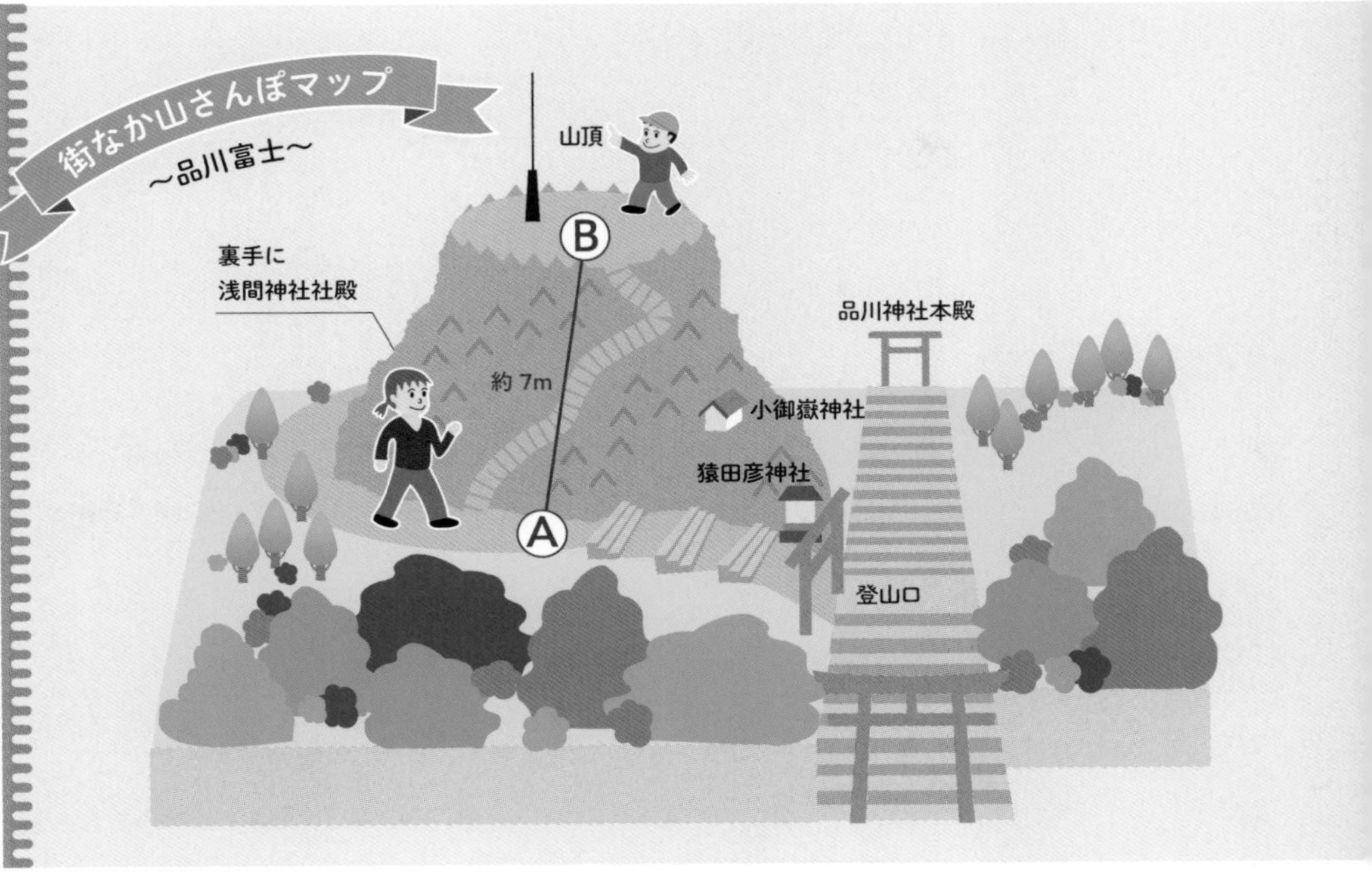

寺社

ここに注目！

武将からも崇敬された品川神社

タイミングが合えば境内にある宝物殿にも訪れてほしい。明治期に勝海舟が名付けた「葵神輿」は、徳川家康が関ヶ原の戦いで勝利したお礼に奉納したと伝えられるもので、江戸時代初期の特徴がみられる貴重なものだ。

開館日　正月期間、6 月の例大祭期間中、11 月土・日・祝日
開 9：30 ～ 16：30

Data

難易度：★

7m

5 分

東京都品川区
北品川 3-7-15

京浜急行「新馬場」駅
徒歩 1 分

ここに注目！

こぼれ話

富士塚山開き

富士塚を登れば、富士山を登ったのと同じご利益があると言われる富士塚信仰。品川区の指定有形民俗文化財でもある品川富士では、毎年 7 月第 1 日曜日には山開きが行われている。

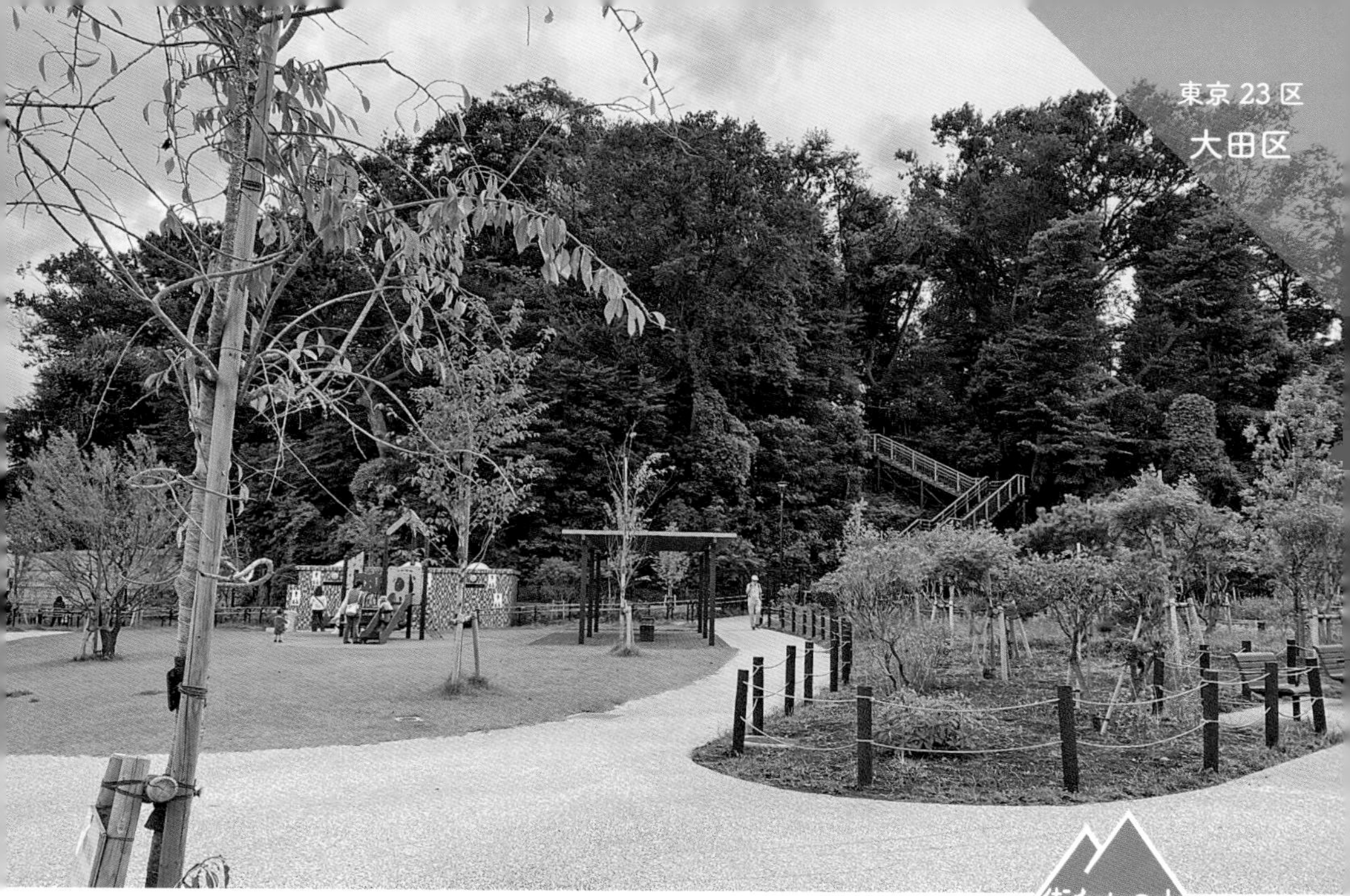

木々が茂り、住宅街に癒しをもたらす佐伯山

街なかの山

栄養学の創始者ゆかりの山

佐伯山《さいきやま》

（佐伯山緑地）

武蔵野台地南北崖線に位置する緑豊かな山

大田区の中心に位置する佐伯山緑地。山の裾野は美しく整備され、子どもたちが賑やかに遊んでいる。そこから見えるこんもりとした山へと続くデッキ階段を上って行こう。頂上付近は周遊できる小道が続きヤマザクラ、コブシ、エゴノキ、エノキなどが植栽されている。中央付近には蔵が建っている。見晴らし広場からは大森、蒲田、糀谷、羽田方面が見渡せる。

土地の元所有者で栄養学の創始者・佐伯矩《さいきただす》氏にちなんで「佐伯山」と呼ばれており、平成12年に西側の約３０００㎡が公園用地として大田区へ寄贈された。

［開門］ 9：00
［閉門］ 5~8月 18：00、11~2月16：00、3・4・9 ~ 10 月 17：00

街なか山さんぽマップ ～佐伯山～

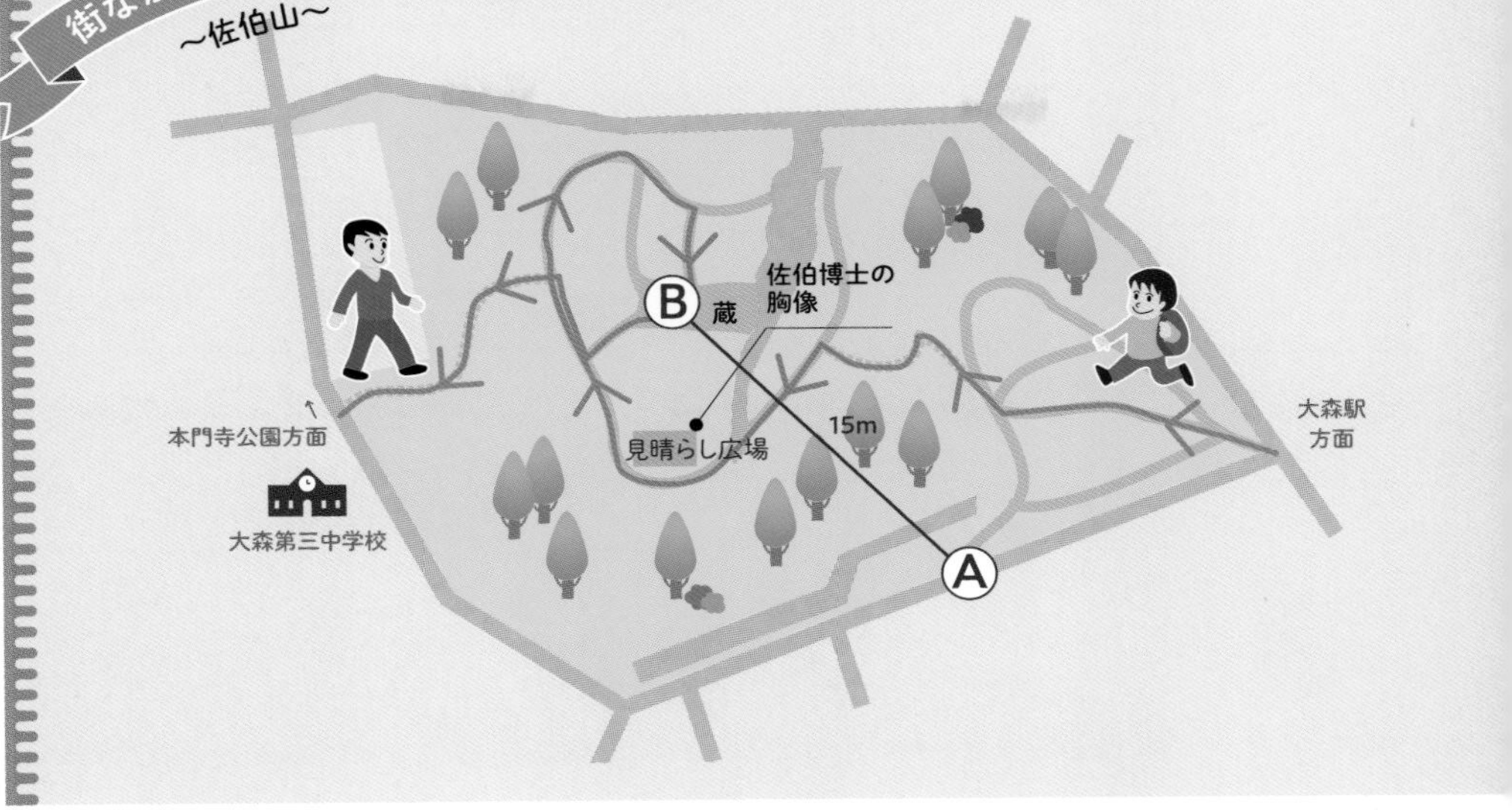

史跡

ここに注目！

佐伯矩博士の胸像

「栄養学の父」と称され、栄養指導の専門家を育てる、世界初の栄養学校（現在の佐伯栄養専門学校）を創立した佐伯矩博士（1876 ～ 1959）。医学から栄養学を独立させ、栄養研究所、栄養士制度を発展させた。佐伯氏によって佐伯山の緑の森が守られてきた。

Data

難易度：★

15m

15 分

東京都大田区中央 5-30-15

JR「大森」駅
徒歩 22 分

ここに注目！

こぼれ話

本門寺公園

佐伯山より徒歩９分の池上本門寺に隣接する本門寺公園を訪れるのもおすすめ。弁天池やデイキャンプ場を擁し、ウメ、サクラ、アジサイ、イチョウなど一年を通して植物が楽しめる。

東京都大田区池上 1-11-1

画像提供　大田区

短い石段を二度上れば、すぐに山頂。推古天皇３年（595）に地中から現れたと伝わる

街なかの山

シンボルは二股の大根

待乳山

まつちやま

**気軽に訪れたい
都内一の低山**

浅草寺に仲見世、花やしき。日本を代表する観光地・浅草でも山登りはできる。浅草駅から隅田川に沿って北上すること十分。地元で「聖《しょう》天《でん》さま」の名で親しまれる待乳山聖天の境内となっているのが、待乳山だ。古くより文人墨客からも愛され、歌川広重も錦絵に描き残している。

標高は９・８ｍと、東京一の低山とはいえ、周辺の高層ビルが無いため、晴れた日には隅田川対岸の東京スカイツリーが綺麗に見える。江戸時代に築造されたという築地塀を右手に、緩やかな参道を上っていけば、あっという間に山頂である本堂だ。

広重『東都名所 真土山之図』（国立国会図書館所蔵）

街なか山さんぽマップ
～待乳山～

こぼれ話

ここに注目！

待乳山と言えば大根！

本堂だけでなく、途中の石の手すりなど、山内の至る所で見られるのが大根と巾着のシンボル。二股に足が分かれた大根は子孫繁栄・家内安全の、巾着は商売繁盛のご利益があるとされ、多くの参拝者が訪れている。

ここに注目！

こぼれ話

真っ赤な登山電車「さくらレール」

境内の東側に据えられた「さくらレール」は、待乳山を訪れたことがある人にはお馴染みの存在。「誰にでも開かれた寺でありたい」と、境内のバリアフリー化を考えた住職により平成 24 年に誕生。定員は 4 名、「麓」から「山頂」までは約 1 分だ。

Data

難易度：★

- 7m
- 15 分
- 東京都台東区浅草 7-4-1
- 東京メトロ、都営浅草線、東武スカイツリーライン「浅草」駅徒歩 10 分

動物園通りから眺めた上野台地。左手には不忍池が広がっている

街なかの山

上野公園の散策も兼ねて

上野のお山《うえののおやま》

愛称は「上野のお山」
上野公園一帯

上野駅を出ると目前に広がる上野恩賜公園。通称「上野公園」はP30で紹介する飛鳥山と同じく、明治6年（1873）日本初の公園として整備された内の一つだ。武蔵野台地の東端に位置するこの辺り一帯は小高い丘になっており、「上野のお山」と呼ばれて親しまれた。台地と平地の境は崖となり、京浜東北線の線路に沿うように王子方面まで続いている。

敷地面積は約54万㎡。敷地内には、徳川将軍家の菩提寺であった寛永寺をはじめ、東京国立博物館や国立西洋美術館等の文化施設、来園者の憩いの場である不忍池など、様々な見どころが点在している。

愛犬ツンを傍らに従えた西郷隆盛像は、1898年に建てられた

摺鉢山と大仏山はぜひセットで巡ろう

「上野のお山」と称された上野台地は、上野公園の南端の公園正面口より始まる。上野台地上には2つの山があり高い方が摺鉢山(標高24・5m)、低い方が大仏山(標高22m)と呼ばれている。とはいえ、台地が既に標高20mの高さにあるため、「山」と言っても高低差はさほどではない。

摺鉢山は公園正面口から進み、清水観音堂を左手に見ながら進んだ先に見えてくる、小高い丘である。約1500年前に築かれた前方後円墳と言われ、3カ所から上ることができる。高低差は5mほどなので、ものの1分足らずで登れるだろう。ここが上野のお山の最高峰となる。

摺鉢山に登ったら、次に目指す大仏山は目と鼻の先だ。桜通りをはさんだすぐ向こう側、その名の通り「上野大仏」のある地点だ。顔だけとなった上野大仏は、元は高さ6mほどの釈迦如来坐像であったと言われ、度重なる地震や火災で現在は顔のみが現存している。

この後は美術館や動物園などを訪れるのも、鰻の老舗「伊豆榮」をはじめ公園内に店を構える老舗飲食店で美食を楽しむのも良いだろう。

木々に覆われた小山が摺鉢山。南側の登山道は緩やかにカーブしている

大仏山に鎮座する上野大仏。「これ以上落ちない」ということで合格祈願に訪れる学生もいるとか

比叡山の畔、琵琶湖に浮かぶ竹生島になぞらえて、不忍池の中央に築いた小島には弁才天を祀る辯天堂が建てられた

山のシンボル、寛永寺
町の歴史を見つめて

辺り一帯が大きく発展したのは、寛永2年（1625）に寛永寺が創建されてから。2代将軍徳川秀忠が、家康・秀忠・家光と3代に亘って仕えた僧・天海へ上野の山を寄進。天海は幕府や大名、そして自ら資金も費やして寛永寺を造営していく。寛永寺の山号「東叡山」は「東の比叡山」を意味し、比叡山延暦寺が建立された年号「延暦」に因むことになぞらえ、「寛永寺」と名付けた。また、京の都や琵琶湖になぞらえ、清水観音堂、祇園堂、不忍池辯天堂などの堂宇も建立。その意図ははっきりとは伝わっていないが、未だ都市として未発達な江戸の町で、庶民の行楽も兼ねた信仰心を受け入れる場として造営されたのではないかと考えられている。

寛永寺はその後、5代将軍綱吉の頃より拡大していき、8代将軍吉宗の頃には幕末期とほぼ同じ規模まで広がった。だが、幕末の上野戦争で、新政府軍に反対する彰義隊が上野の山に陣を構えたことから、根本中堂をはじめ伽藍の大部分は焼失してしまった。公園内に建つ彰義隊の墓は、寛永寺が見つめてきた悲しい歴史も伝えている。

左／清水観音堂。広重が浮世絵にも描いた「月の松」でも知られる　右／明治14年（1881）に建立された彰義隊の墓。明治政府を憚り、「戦死の墓」とのみ記載されている

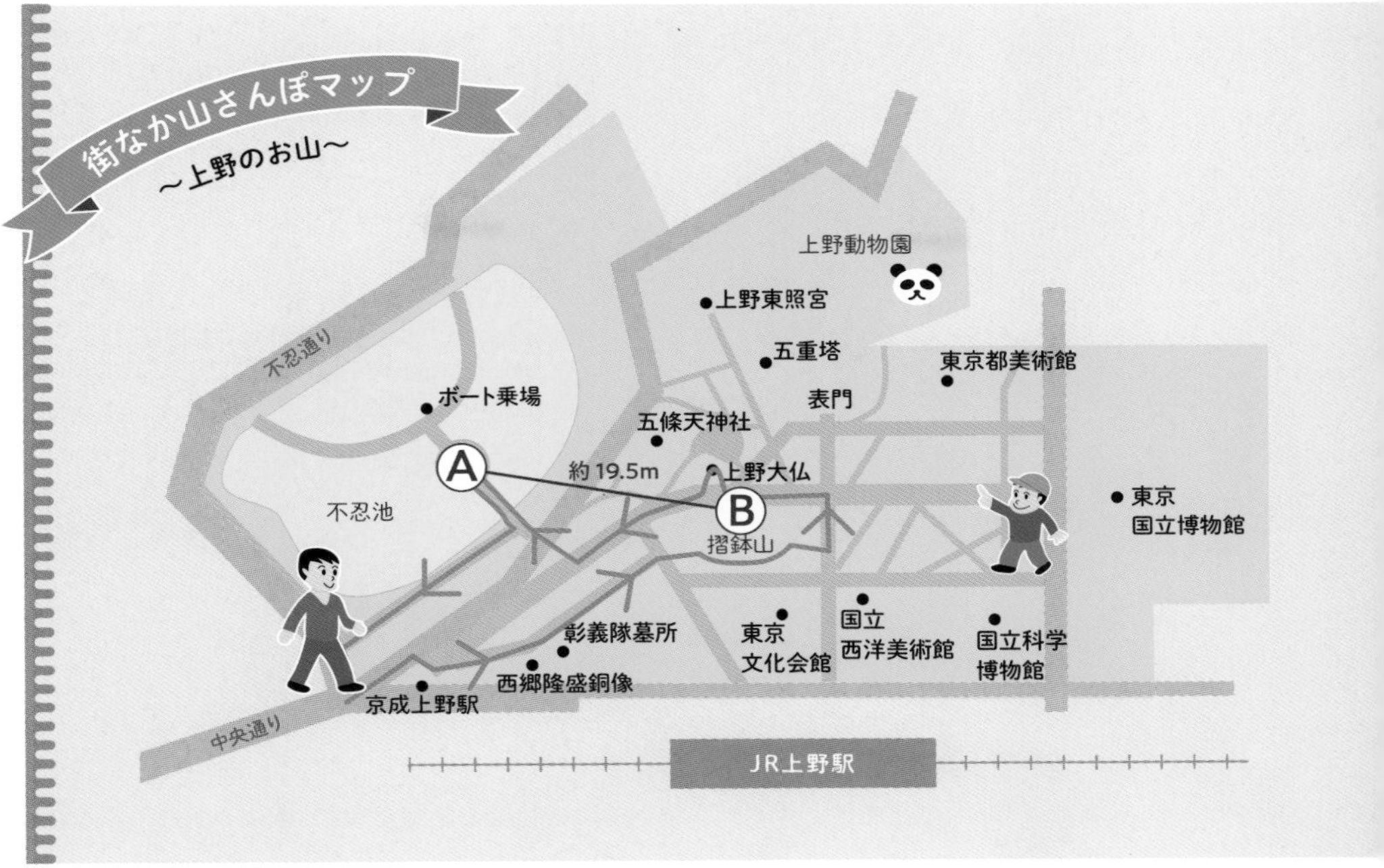

こぼれ話

ここに注目！

「上野」の由来はその地形から !?

縄文時代には既に人が暮らしていたという上野。摺鉢山の前方後円墳をはじめ、多くの遺跡が付近から発掘されている。「上野」の名が登場するのは中世末頃から。地名の由来は諸説あるが、“高い場所にある野原”という意味からと言われている。公園までの階段からもその高さが分かる。

ここに注目！

Data

難易度：★

19.5m

30 分

東京都台東区上野公園

JR「上野」駅徒歩 10 分

学び

上野の山文化ゾーン

様々な美術館や博物館、音楽ホールなどが建ち並ぶ上野公園内。この一帯を「上野の山文化ゾーン」と称し、各施設では様々なイベントを企画している（写真は東京文化会館）。上野のお山を訪れた際には、文化芸術も併せて楽しみたい。

提供：東京文化会館

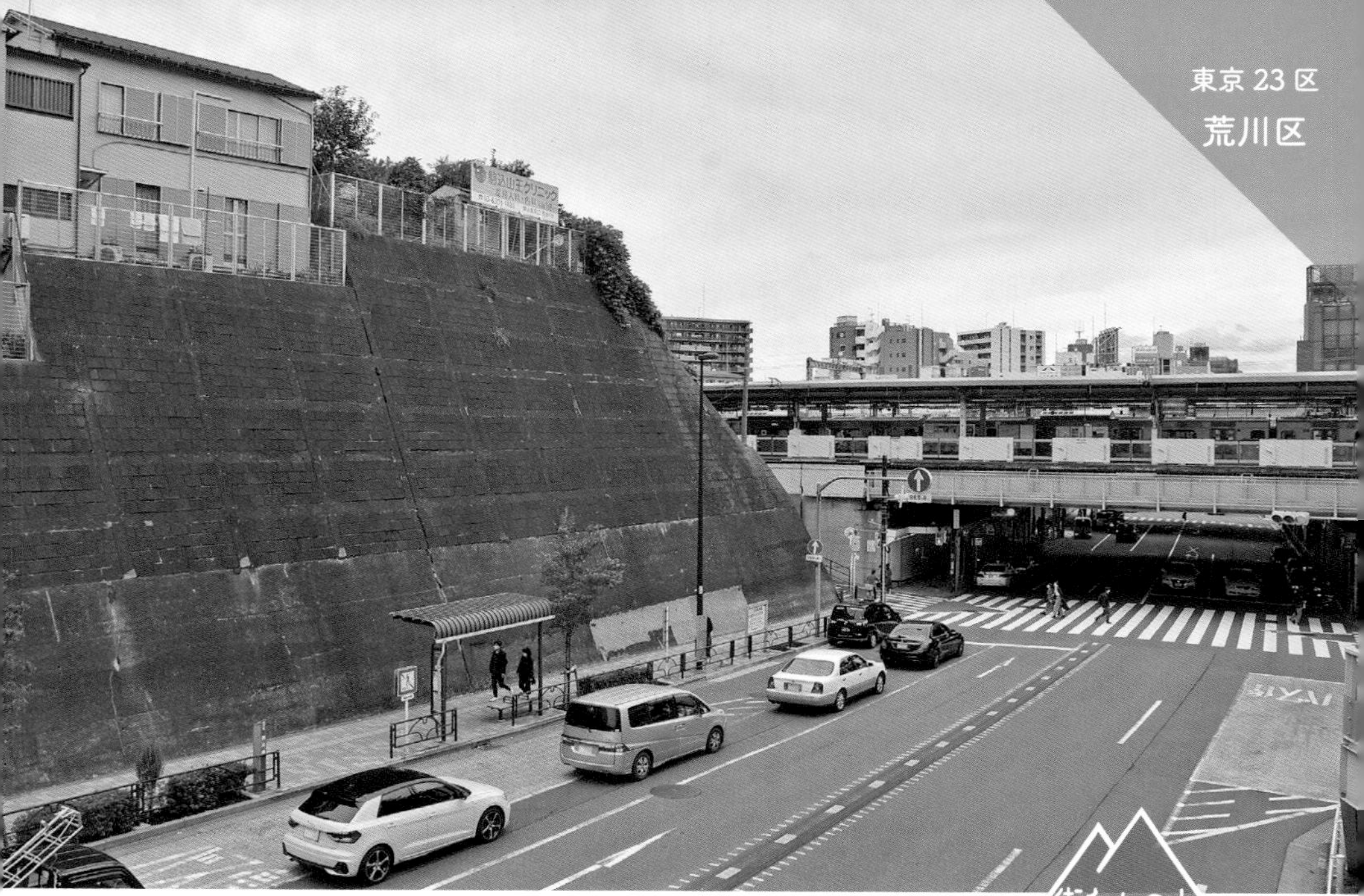

左手が道灌山。上野から飛鳥山まで、京浜東北線に沿って崖が続く

街なかの山

江戸っ子に愛された名所

道灌山《どうかんやま》

そびえ立つ崖が かつての姿を偲ばせる

江戸から明治時代にかけて、秋になると松虫が美しく鳴く虫聴きの名所として知られた道灌山。現在は「道灌山通り」「道灌山下」と道路や交差点の名前にもその名が使われている。

地下鉄西日暮里駅1番出口を出たら、左手に見える歩道橋を上り、道灌山通りを渡った先が道灌山だ。道の両岸の崖が山の高さを実感させてくれる。現在は名門開成学園、住宅地となっている。この後は、また歩道橋へ戻り、向かいの西日暮里公園へと進むのがおすすめ。公園内には遊具やベンチが据えられ、すぐ下の西日暮里駅のアナウンスが響いている。道灌山周辺を紹介したモニュメントも見のがせない。

西日暮里公園と道灌山を結ぶ歩道橋。山上との高低差がよくわかる

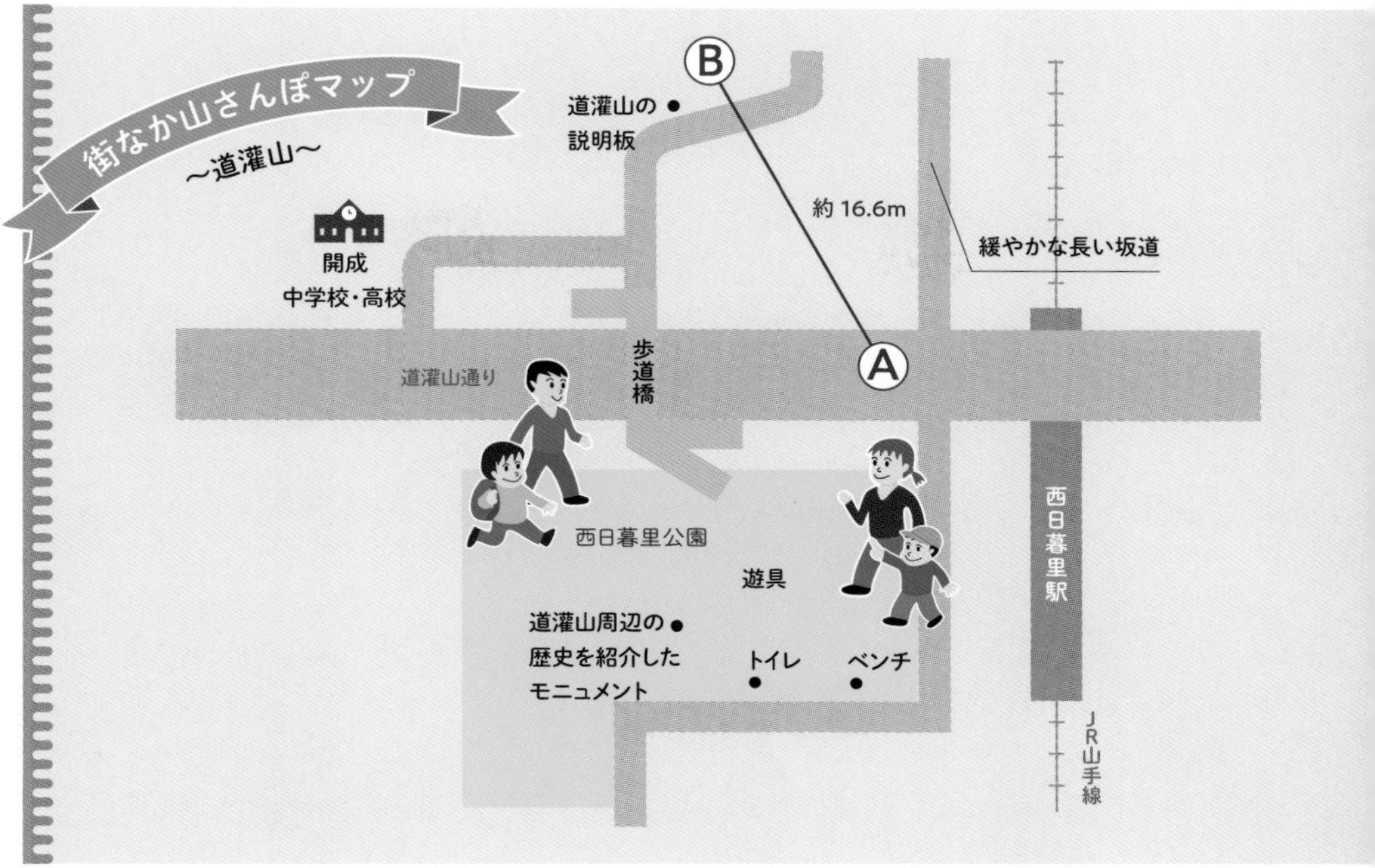

こぼれ話

ここに注目！

道灌山を愛した風流人

歌川広重が「東都名所 道灌山虫聞之図」でも描いたように、江戸の市中からも気軽に訪れられる道灌山は見晴らしが良く人気の行楽地であった。道灌山には茶屋があり、俳人の正岡子規も訪れ句を残している。

国立国会図書館所蔵

ここに注目！

Data

難易度：★

16.6m

30 分

東京都荒川区
西日暮里

JR「西日暮里」駅
徒歩 6 分

こぼれ話

すぐそばを列車が走る

かつて花見寺（青雲寺）境内だった西日暮里公園へと続く坂。フェンスの向こうはJR 西日暮里駅となっており、発着する電車を間近に眺める事ができる。

王子駅北口の「北とぴあ」から眺めた飛鳥山

街なかの山

春、満開の桜が山上を覆う

飛鳥山

あすかやま

春に訪れたい 桜の名所

王子駅南口を出て線路を渡ると目の前に山頂へと続く階段が現れる。階段の数は60段強、体力と相談しながら上って行こう。登り切った先は飛鳥山公園となっており、緑あふれる遊歩道が山頂へと続いている。

ここからは木々の間をそよぐ風を感じながらのんびり歩いても、山頂までは10分程度。山頂には石のモニュメントが建っている。

山頂に建つモニュメントには標高と東西南北が示されている

飛鳥山の標高は、23区内最高峰の愛宕山（P８）にわずか30cm足らず25・4m。最も見どころ溢れるシーズンと言えばやはり春だろう。園内には約６００本の桜の木が植わり、桜の名所として名高い。

桜の名所の誕生は将軍の粋な計らいから

　元々はただの雑木林であった飛鳥山を、江戸っ子に人気の行楽地へと変えたのが、8代将軍徳川吉宗だ。5代綱吉が禁止した鷹狩を自らの代で復活させた吉宗は、飛鳥山で鷹狩を行うように。付近の寺を休息所とした吉宗の目を楽しませるため、家臣たちによって桜が植樹された。そして、その桜を見た吉宗は、誰もが花見を楽しめるようにと、桜をはじめ様々な木を植えたのだった。

　こうして飛鳥山は一躍江戸有数の花見の名所として知られるように。王子権現や王子稲荷へお詣りし、滝野川の渓谷で滝を眺め、桜や緑を愛でながら飛鳥山でハイキングを楽しんだ後山上に設けられた水茶屋や遊技場で一息つくというのが、当時のゴールデンルートだった。飛鳥山周辺の街道沿いも、「扇屋」をはじめとする料亭が並ぶほどの賑わいを見せたようだ。

　その後明治6年（1873）に、飛鳥山は、明治政府によって上野や浅草、芝、深川と並び、日本初の公園に指定される。そして、昭和40年代以降になると園内に公園や広場などが整備され、地元の憩いの場としての性格が強まっていった。

江戸っ子が花見を楽しむ様子は浮世絵にも描き残されている。歌川広重「冨士三十六景 東都飛鳥山」（国立国会図書館所蔵）

蒸気機関車や都電の車両も展示されている児童エリア

吉宗の功績をはじめ、熊野の神々や、王子・飛鳥山の由来などが漢文で記された飛鳥山碑

麓の明治通りには都電荒川線が走る

桜の賦の碑の地下には、挿袋石室が埋蔵されているという

史跡や石碑が山の歴史を伝える

公園内に建てられた様々な碑の中には飛鳥山の歴史を伝えるものも。山内に桜1270本をはじめ松や楓などを植樹した吉宗の功績を称える「飛鳥山碑」は、500字ほどの長い漢文が人の背丈ほどの石碑に彫られたもの。また、「桜の賦の碑」は、開国か、攘夷かで日本中が揺れた幕末の時代に、多くの維新志士に精神的な影響を与えた佐久間象山ゆかりの石碑だ。ここに碑を建てたのは、象山の門弟でもあった勝海舟だと伝えられている。雨風をしのぐ建屋の下に保存されており、こうした石碑を眺め、当時に思いを馳せるのも良いだろう。

そして、さらに地域の歴史に関心のある人は、公園内に建つ博物館を訪れるのがおすすめだ。王子駅南口からの階段を上った先、右に進めば山頂方面だが、左に向かって進めば児童エリアや広場の先には博物館などが並ぶエリアにたどり着く。「北区飛鳥山博物館」では飛鳥山をはじめ地域の歴史文化を、「渋沢史料館」ではかつて飛鳥山内に邸宅を構え次の新一万円札や2021年の大河ドラマにも決定している渋沢栄一の功績を、「紙の博物館」では洋紙発祥の地・王子についてや古今東西の紙の資料を見ることができる。

街なか山さんぽマップ ～飛鳥山～

こぼれ話

ここに注目！

浮世絵からも伝わる絶景

８代将軍吉宗自ら、家臣を引き連れて盛大な花見会を催したことが広まり、桜の名所として一躍有名になった飛鳥山。歌川広重の浮世絵では、揃いの着物・傘をあつらえて花見行列を楽しむ人々の姿が描かれている。

歌川広重「江戸名所 飛鳥山花見乃図」（国立国会図書館所蔵）

ここに注目！

こぼれ話

飛鳥山と言えば「アスカルゴ」

王子駅中央口と飛鳥山山頂付近をつなぐ「アスカルゴ」は、老若男女問わず多くの来園者に親しまれる自走式モノレール。乗車時間は１分と短いが、愛らしい見た目や、「こんなところにモノレールが !?」という意外性から、飛鳥山を代表するスポットになっている。

Data

難易度：★★

19.4m

30 分

東京都北区王子

JR「王子」駅前

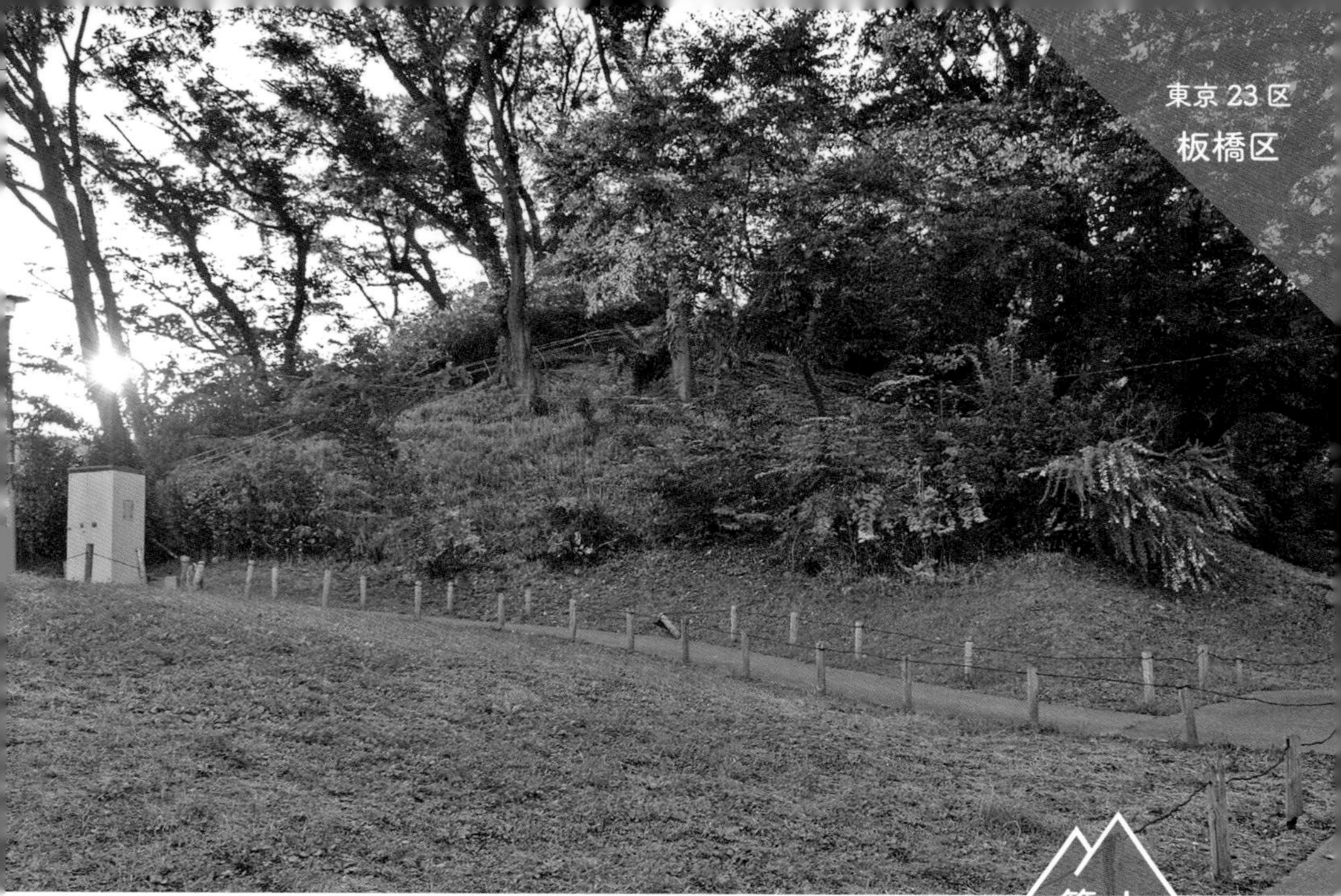

登山口は3つ。山の中腹と山頂には休憩用のイスが設けられている

築山

大名屋敷跡地の築山公園

大山

(加賀公園)
おおやま

江戸時代から由緒ある地

石神井川沿いにある加賀公園は、江戸時代、加賀前田藩の下屋敷だった。約21万8千坪の敷地には大池や滝等が随所に配され、池泉回遊式庭園が広がっていた。現在まで残る丘陵「大山」は、庭園内にあった築山の名残だという。幕末になると、石神井川の水流を利用して大砲の製造を始め、明治時代に政府に上地してからは、そのまま陸軍の火薬製造工場として利用された。山の一部には、明治10年(1877)に築造された発射場の標的として使われた盛土が残る。江戸時代から昭和にかけての遺構を、大山を、歴史を感じながらゆっくりと登ってみよう。

築山の西側にあるコンクリート製の発射場射垜《しゃだ》(的を置くための盛り土)

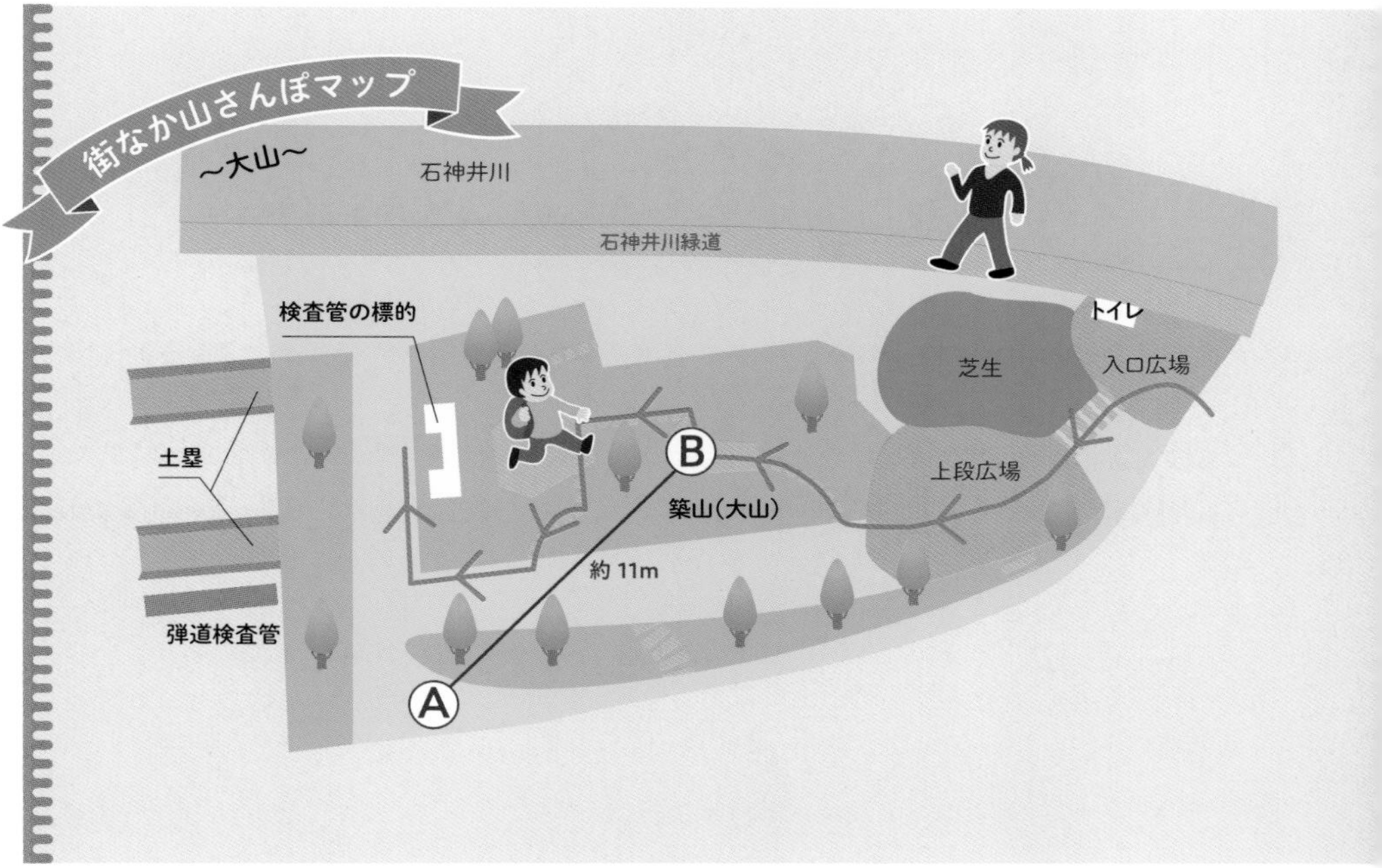

史跡

ここに注目！

火薬製造所の弾道検査管

公園横にある板橋火薬製造所の跡地には、10 数 m の長さの弾道検査管が残っている。火薬の種類や量を調節しながら弾丸の速度などを測定し、築山に設けられた標的に向かって撃ち込んでいたという。2017 年に加賀公園を加えた形で、国史跡「陸軍板橋火薬製造所跡」に指定され、今後は史跡公園化を計画している。

Data

難易度：★

- 11m
- 20 分
- 東京都板橋区加賀 1-8
- 都営地下鉄三田線「板橋区役所前」駅 徒歩 11 分

ここに注目！

史跡

江戸最大規模だった加賀前田家下屋敷

加賀藩前田家下屋敷は尾張・紀伊・水戸の徳川御三家を含む、江戸の大名屋敷の中では最大の面積の屋敷であった。邸内には石神井川が流れる庭園があり、本国金沢の大名庭園、兼六園の約 7 倍の規模だったという。

箱根山の登山口は３つ。混雑を気にせず自分のペースで登ることができる

築山

江戸時代から存在する築山

箱根山

はこねやま

山手線内で最高峰 長い歴史を持つ山

江戸時代、「戸山荘」と呼ばれた尾張徳川家の下屋敷があり、敷地内の庭園には「玉円峰《ぎょくえんぼう》」と名付けられた築山があったが幕末の大火で荒廃してしまった。以来、「箱根山」と名前を変えて、標高44・6m、山手線内の最高峰の山として残っている。「箱根山」の名の由来は、大名庭園だった頃、園内に小田原宿を模した宿場風の町並みを造ったことから。

階段には手すりが設けられ、苦も無く山を登ることができ、山頂のベンチからは新宿副都心を望める。西側の大久保地区にある戸山公園サービスセンターでは、箱根山に登頂した証として、登頂証明書を発行している。

申告制で発行できる登頂証明書。記念に発行してもらおう

街なか山さんぽマップ
～箱根山～

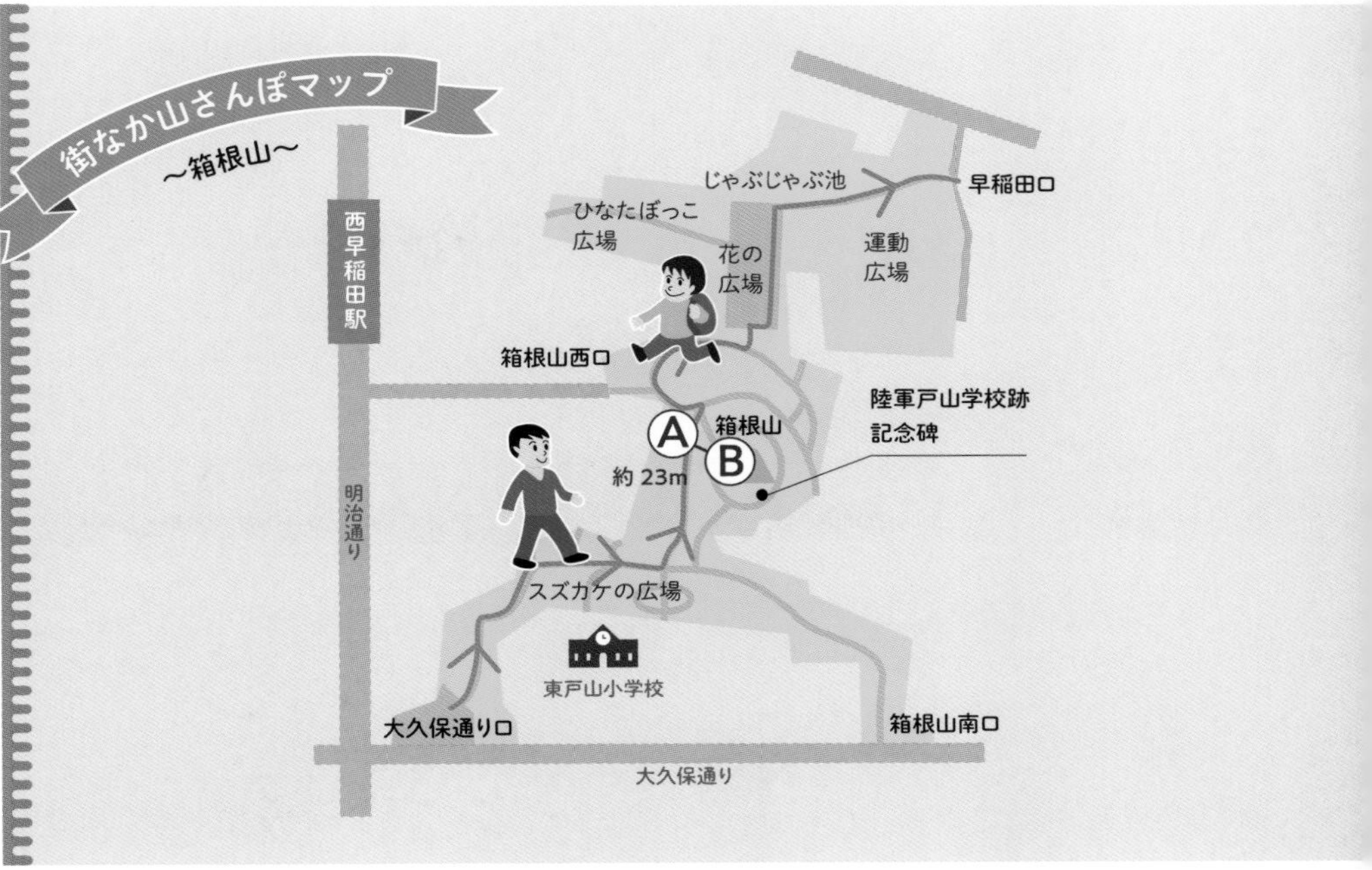

史跡

ここに注目！

陸軍戸山学校跡地

明治維新後は軍用地となり、明治 6 年（1873） に陸軍戸山学校が開設。ここで射撃訓練などが行われ昭和 20 年（1945）の終戦まで使用された。現在は箱根山の麓に「陸軍戸山学校跡記念碑」が建っている。

ここに注目！

こぼれ話

江戸時代から伝わる「大久保つつじ」

江戸時代中期に新宿大久保の百人町でつつじの栽培が流行し、天保年間（1830 ～ 1843）には名所案内に記されるほどの名所となったことから「大久保つつじ」と名付けられた。春の箱根山では 13 種類 600 株のつつじが楽しめる。

Data

難易度：★

23m

15 分

東京都新宿区戸山 2-7 街区内

東京メトロ副都心線
「西早稲田」駅徒歩 10 分

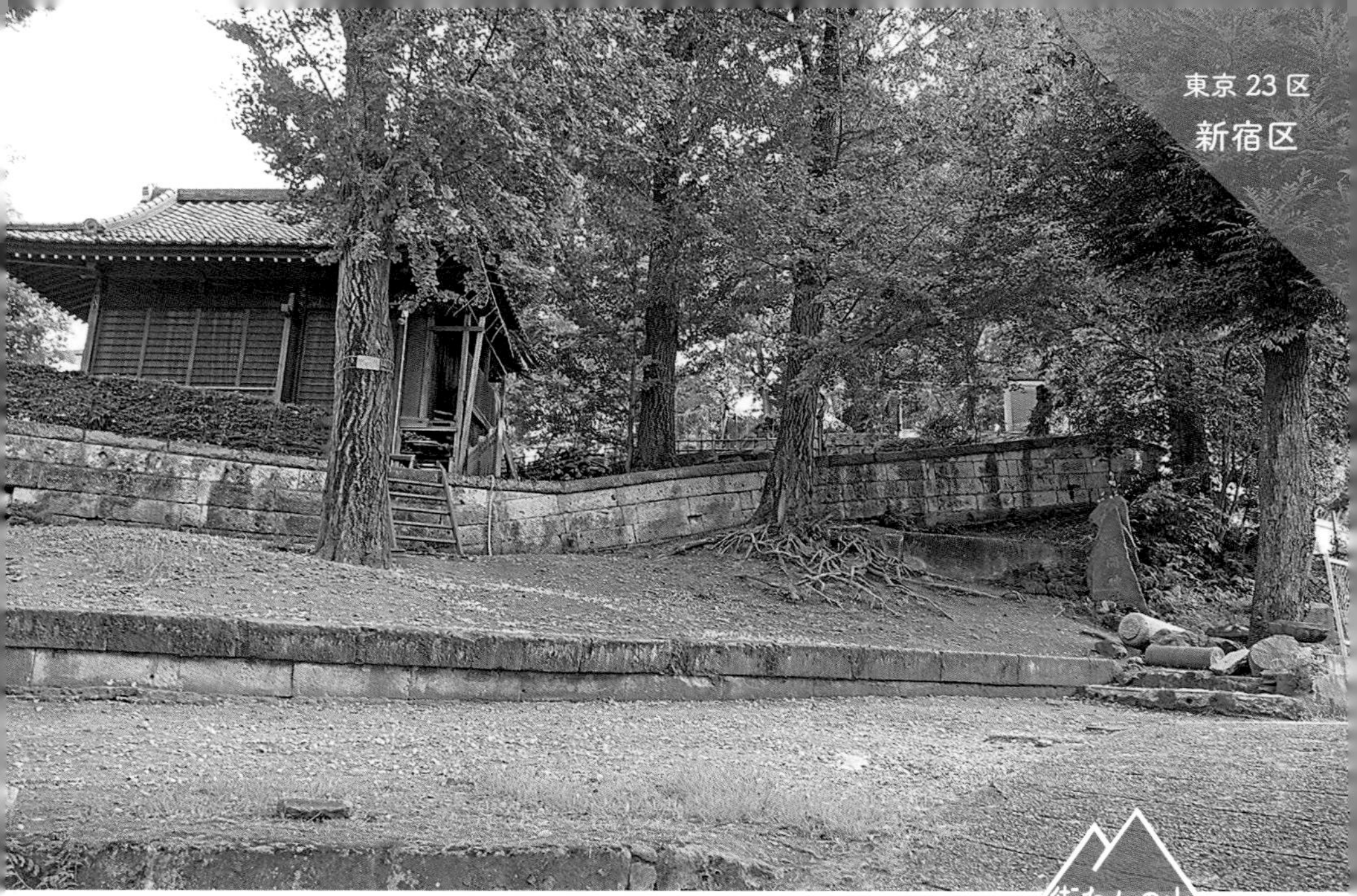

入口の鳥居から見ると、緩やかな山を確認できる

街なかの山

角度によって異なる高低差を観察しよう

天神山

（西向《にしむき》天神社）

てんじんやま

山内の公園に富士塚が

西向天神社一帯の「天神山」と呼ばれた丘陵は、斜面に沿って段差のある形状となっている。入口の鳥居から見ると、緩やかな山になっているのが確認できるだろう。「天神山」の名は、現在も社殿横の公園「天神山児童遊園」等に名を残す。公園内は遊具が設置され、子どもたちの遊び場となっている他、西南の崖に富士塚「東大久保富士」がある。現在は柵で囲まれ、登ることはできないが、天神山を象徴するものとして広く認知されている。

神社の鳥居から入り、天神山児童遊園内を通り、富士塚を眺めながら公園の階段を下るのが高低差を楽しめるおすすめのルートだ。

公園脇の階段からは、崖の斜面に富士塚が築山されているのがわかる

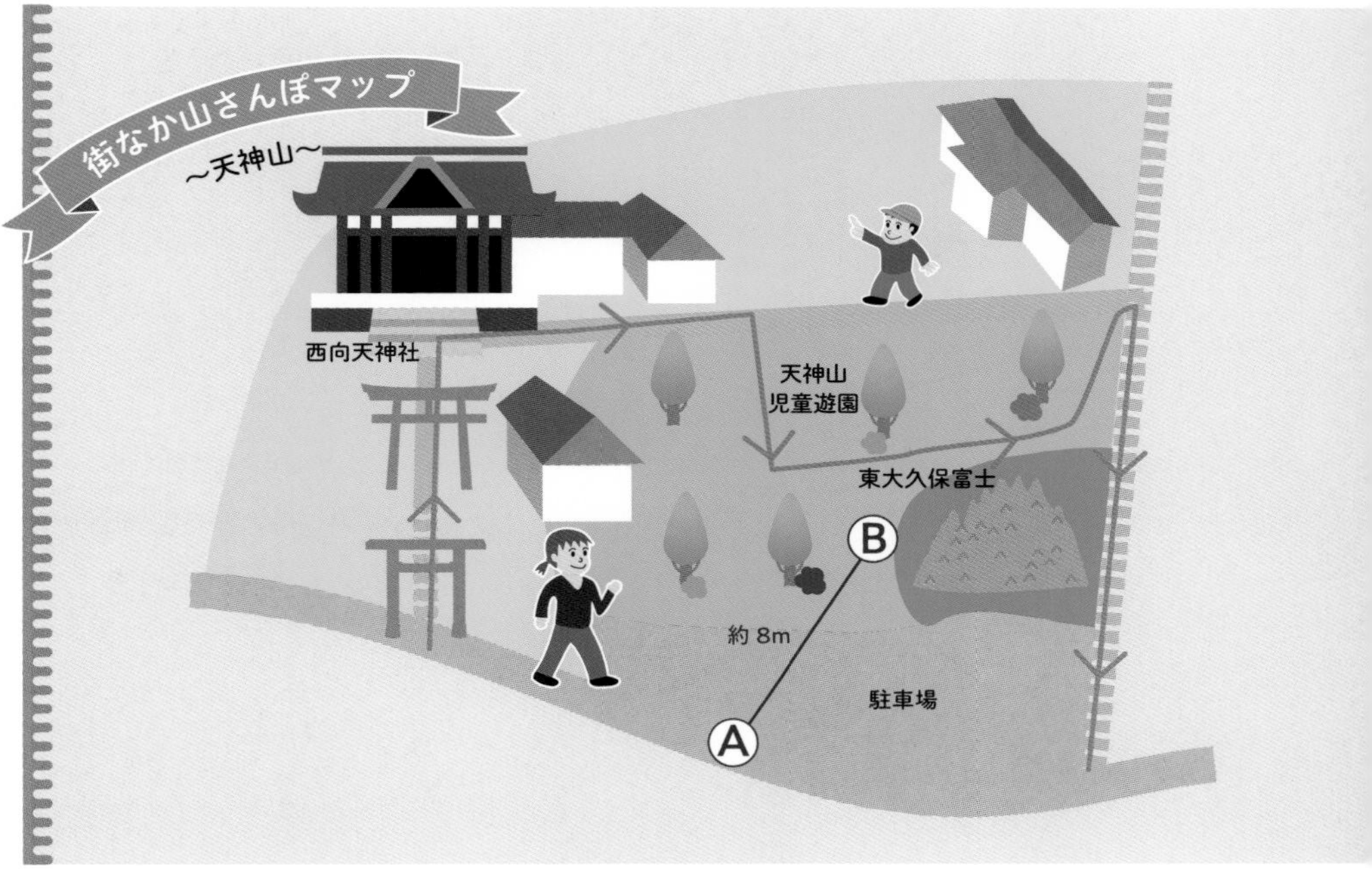

史跡

ここに注目！

西向天神社

天神山に鎮座する西向天神社。西向と称されるのは、丘陵の斜面に造営された社殿が西向きになっていることからだという。寛永年間 (1624 ～ 1643)、3 代将軍徳川家光が鷹狩のため訪れた際、荒廃した社を見て、金の棗《なつめ》を下賜し、再興されたという伝承が残っている。

ここに注目！

史跡

東大久保富士

天保 13 年（1842）、四谷谷町丸講により築山された東大久保富士。公園内からは 2m ほどの山にしか見えないが、脇にある階段からは崖の斜面を見ることができ、10m ほどの高低差を感じることができる。

Data

難易度：★

8m

20 分

東京都新宿区新宿 6-21-1

東京メトロ副都心線
「東新宿」駅徒歩 10 分

富士塚に続く石橋の下の池に見立てた場所は、毎年６月３日の開山式の頃に、菖蒲が咲き誇る

富士塚

庭園のような美しい富士塚

千駄ヶ谷富士

（鳩森八幡神社）
せんだがやふじ

現存する都内最古の富士塚

鳩森八幡神社にある富士塚は、寛政元年（１７８９）築造と都内最古のもので、都の有形民俗文化財に指定されている。富士五湖に見立てた池は、山を盛る際に掘った跡。池にかかる石橋を渡って入山しよう。山裾の御影石の里宮、中腹の烏帽子《えぼし》岩、七合目の洞窟内に安置されている食行《じきぎょう》身禄《みろく》像を見ながら登っていく。奥宮である山頂の祠の周囲は溶岩で覆われている。この溶岩は「ボク石」「黒ボク」などと呼ばれ、富士講の信者が富士山より持ち帰ったものだ。他にも山頂には、富士山山頂を巡る「お鉢巡り」の聖地ともされる「金明水」や「釈迦の割れ石」がある。

鳩森八幡神社は、貞観２年（860）創建と伝えられる千駄ヶ谷一帯の総鎮守

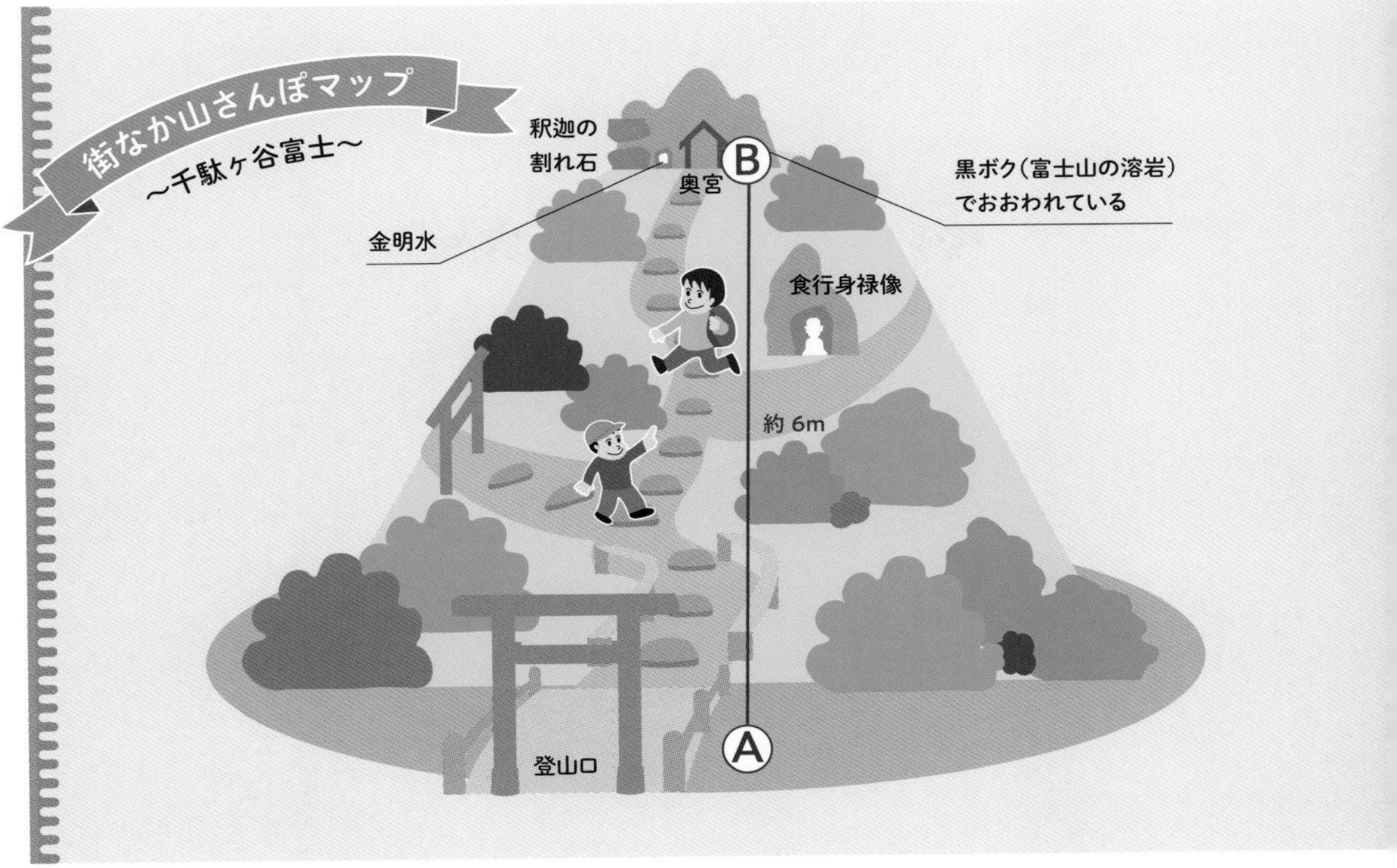

こぼれ話

ここに注目！

富士講中興の祖・食行《じきぎょう》身禄《みろく》

寛文 11 年（1671） に伊勢国の農家に生まれる。13 歳で江戸に出て、呉服雑貨商に奉公した後に独立し、油商として成功する。また、修行の末富士講の行者となり、富士山の烏帽子岩で断食行を行い即身成仏となった。富士講中興の祖として知られる。

ここに注目！

史跡

富士の魅力がコンパクトに詰まった名山

千駄ヶ谷富士の山頂。写真右の祠が頂上の奥宮だ。中央の水溜まりが金明水で、奥が釈迦の割れ石。富士山の名所まで再現されている。

Data

難易度：★

6m

5 分

東京都渋谷区
千駄ヶ谷 1-1-24

JR「千駄ヶ谷」駅
徒歩 5 分

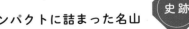

おとめ山公園西側の山部分。新宿区では新宿中央公園に次ぐ規模を誇る

街なかの山

江戸時代、将軍の狩猟場だった

おとめ山

（おとめ山公園）

おとめやま

東西に分かれた自然豊かな公園

西武新宿線下落合駅と高田馬場駅の間にある「おとめ山公園」。江戸時代、公園内の敷地が将軍家の狩猟場だったことから、「おとめ山（御留山、御禁止山）」と呼ばれ、公園の名前の由来となった。大正時代には旧磐城中村藩主・相馬家が所有し、「林泉園」と呼ばれる庭園に。１９６９年に公園として整備されて開園した。

公園の敷地は西と東を道路で分断されている。東側は「弁天池」や芝生の丘があり、遊具などが設置され、憩いの場となっている。西側はなだらかな山となっており、山頂の展望台では、景色を見ながら休憩ができる。

公園東側にある「弁天池」。湧水が流れる池は透明度が高く、カルガモや亀が泳ぐ

街なか山さんぽマップ
～おとめ山～

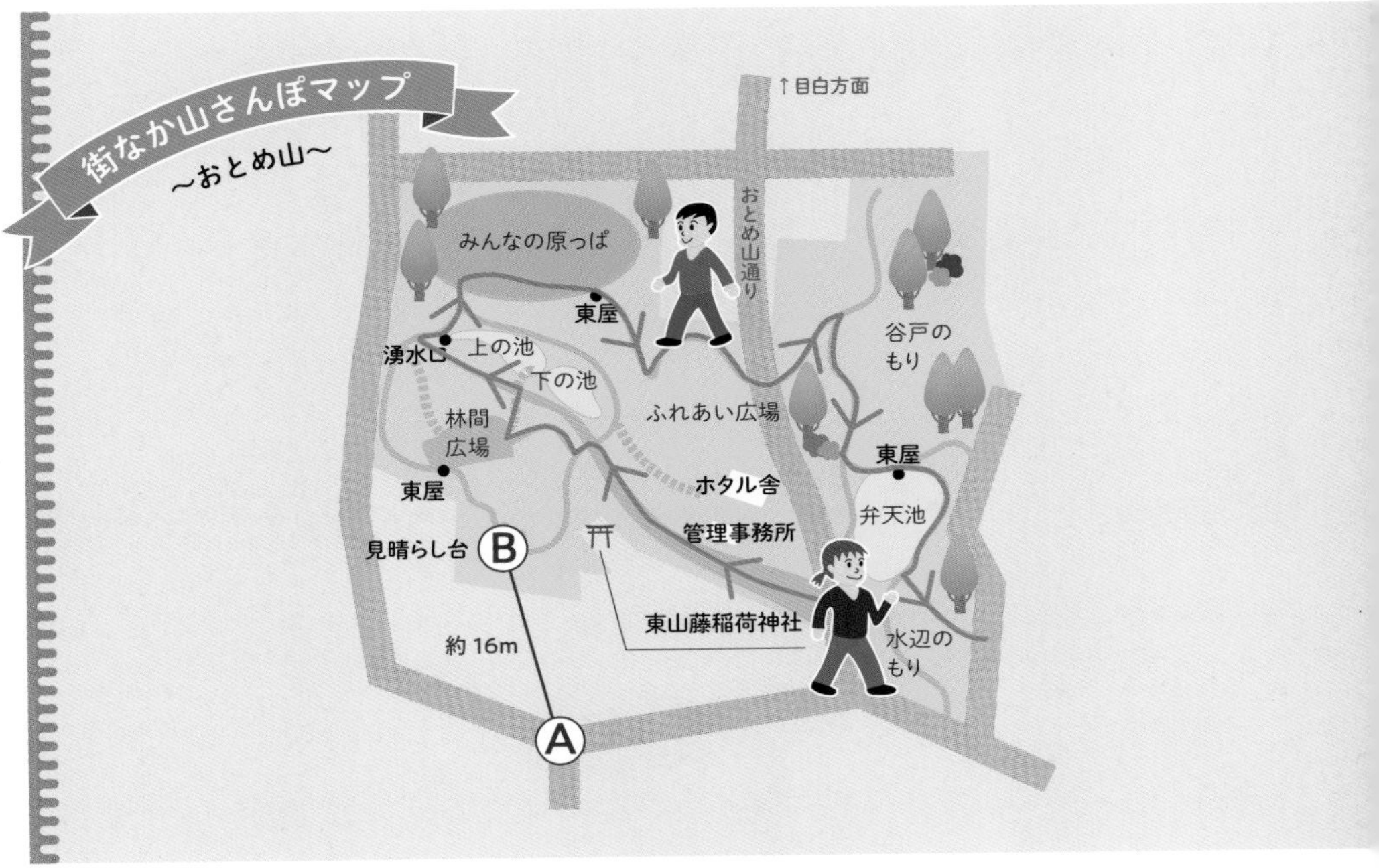

こぼれ話

ここに注目！

ホタルの飼育場

公園内にある「ホタル舎」ではゲンジボタル、ヘイケボタルの飼育をしている。その自然の豊かさから「落合の秘境」と呼ばれる。ホタル舎は、毎年７月に行われるホタル鑑賞会のみ開放され、都内でホタルを見ることができる数少ない場所である。

運営「落合蛍」を育てる会

ここに注目！

こぼれ話

東京都の名湧水

公園中央部の谷を流れる湧水は「東京の名湧水 57 選」の一つに選ばれている。流域は二つに分かれ、公園東側は弁天池に続き、西側は小さな池を通じて「ホタル舎」に流れる。

Data

難易度：★★

16m

20 分

東京都新宿区下落合 2-10

JR「高田馬場」駅
徒歩７分

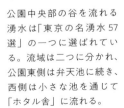

大正時代に造られた比較的新しい富士塚は、高層ビルに囲まれながらも存在感を放っている

富士塚

新宿区最大の富士塚

成子富士《なるこふじ》

アクセス良好の都心の富士塚

西新宿の成子天神社の敷地内にある富士塚。高さが約12mで、新宿区に6つあると言われる富士塚では最大級となっている。1920年に造られた比較的新しい富士塚で、西新宿、北新宿一帯の富士信仰の団体「丸藤富士講」が祀っていたという。鳥居のある入口から登ると、二つに登山道が分かれる。足場は安定しているが、急なところが多いので、鎖の手すりにつかまりながら登ると安心だ。祠が祀られている山頂部分は、広くないので注意。高層の建物に囲まれているが、充分に山の高さを感じることができる。行きと帰りで別のルートを歩いてみるのもおすすめだ。

山頂付近の急な足場。足元が不安定なので、手すりの鎖を掴みながらゆっくりと登ろう

街なか山さんぽマップ
～成子富士～

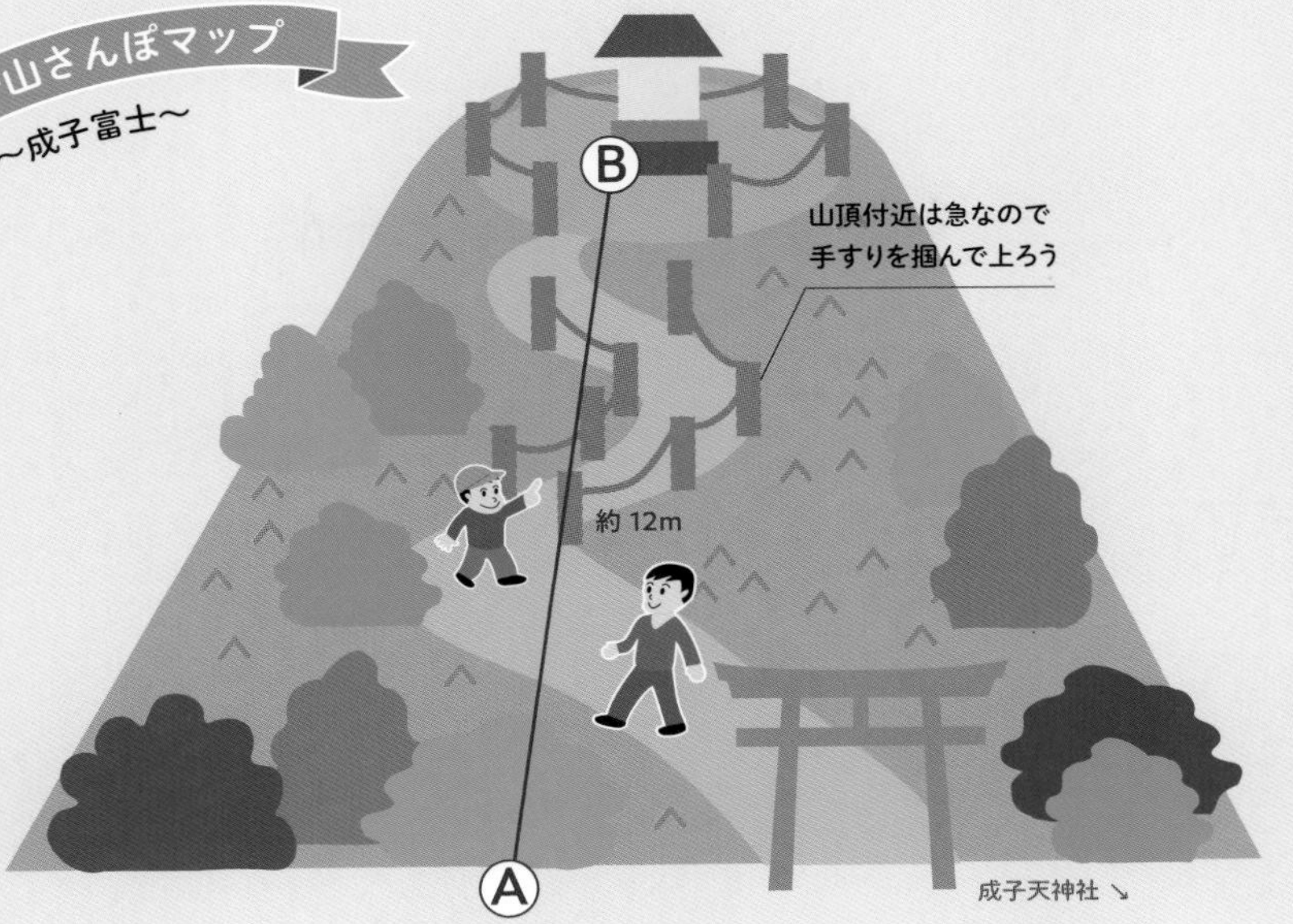

B
山頂付近は急なので
手すりを掴んで上ろう
約 12m
A
成子天神社 ↘

寺社

ここに注目！

成子天神社

平安時代に造られた、1100 年以上の歴史がある成子天神社。菅原道真の訃報を受け、生前作られた道真の像を平安京から持ち帰り、祀るために創建。鮮やかな赤い社殿は 2013 年に再建された。

ここに注目！

境内七福神巡り

成子天神社には七福神の像が、参道沿いから成子富士に続く道に配置されている。1月限定で七福神が書かれた御朱印をもらえるので、境内の七福神巡りをした後に授与所に行ってみよう。

こぼれ話

Data

難易度：★

- 12m
- 15 分
- 東京都新宿区 西新宿 8-14-10
- 東京メトロ丸ノ内線「西新宿」駅徒歩 2 分

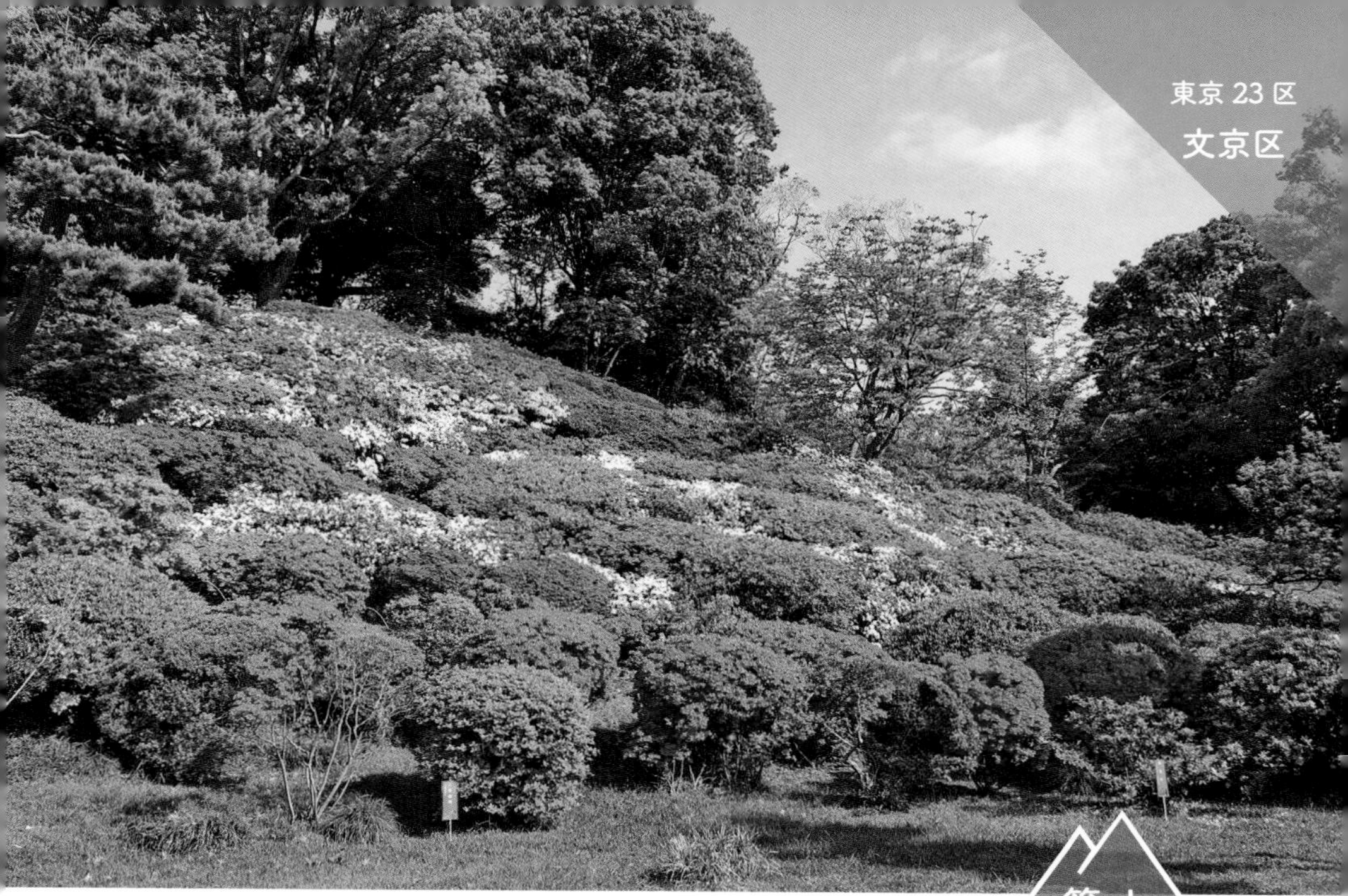

ツツジが咲き誇る藤代峠。頂上からの眺めも美しい

築山

回遊式築山泉水庭園の六義園

藤代峠

（六義園）
ふじしろとうげ

文京区内で最高峰の築山

五代将軍・徳川綱吉より下屋敷として与えられたこの地に、川越藩主柳澤吉保が元禄8年（1695）から7年の歳月をかけて造った「回遊式築山泉水庭園」。およそ8万7千㎡の敷地内は緑にあふれ、季節の花々で彩られている。正門を通りシダレザクラを見ながら大泉水に沿って進んで行こう。滝見茶屋を左手に千鳥橋を渡ってつつじ茶屋の裏手に回る。山陰橋を渡ると「ささかにの道」へ続き、藤代峠に上がる階段が見えてくる。標高35mの頂《いただき》の眺望は絶景。紀州・和歌の浦近くの「藤白坂」にちなんでその名が付いた。かつては江戸城や富士山が望めたという。

六義園　開園時間　9:00～17:00
（入園は16:30まで）一般300円

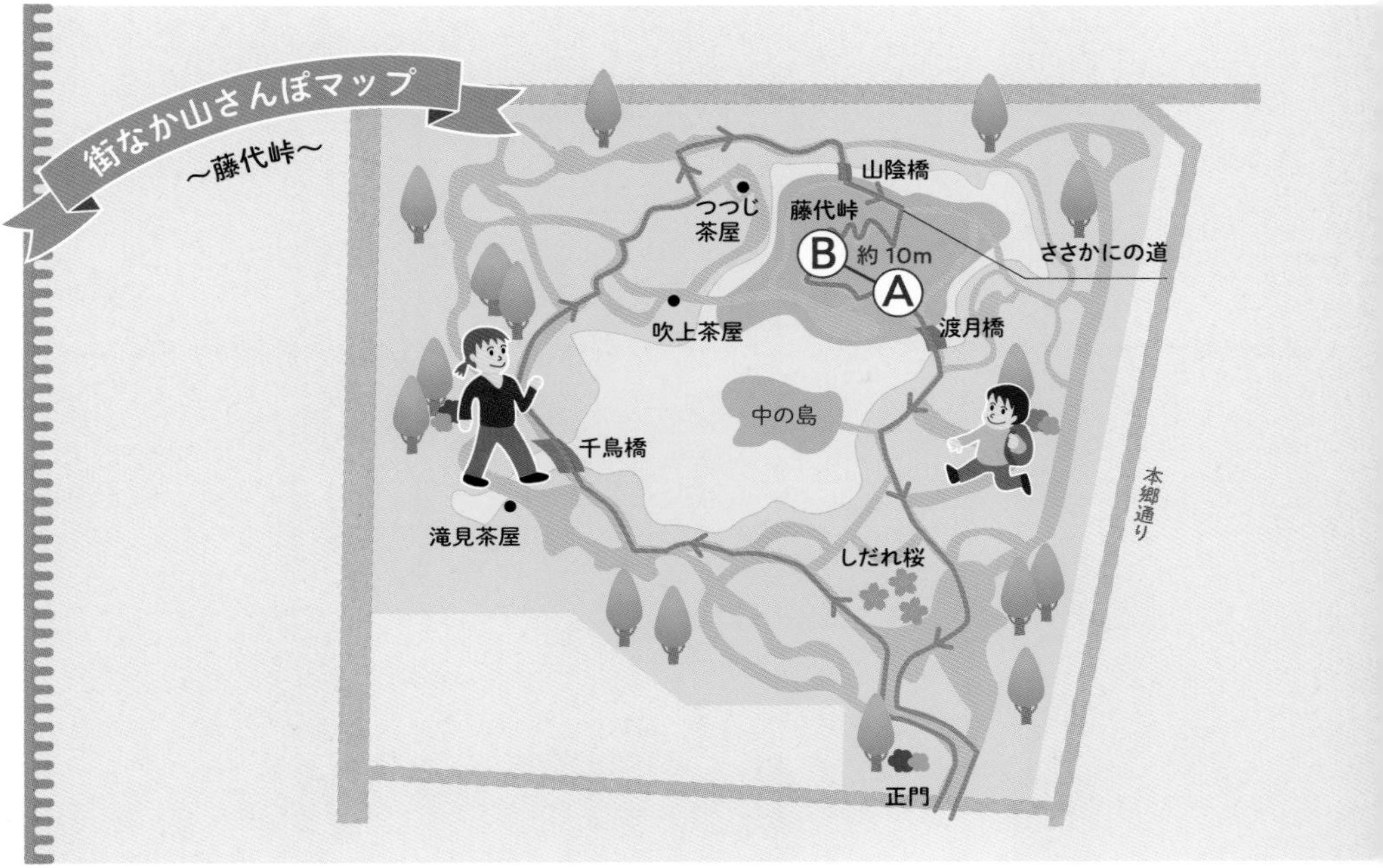

こぼれ話

ここに注目！

文学的造詣が伺える日本庭園

六義園は、明治時代には岩崎彌太郎が所有し、昭和 13 年に東京市へ寄付された。昭和 28 年に国の特別名勝に指定される。中の島を有する大泉水を樹林が取り囲み、紀州和歌の浦の景勝や、和歌に詠まれた名勝の景観が「八十八境」として映し出されている。柳澤吉保の文学的造詣の深さを表す日本庭園だ。

ここに注目！

こぼれ話

シダレザクラ

樹齢約 70 年のシダレザクラは六義園のシンボルの一つ。枝いっぱいに薄紅色の花を咲かせ、シーズンには訪れる人々を楽しませている。

Data

難易度：★★

10m

40 分

東京都文京区本駒込 6 丁目

JR「駒込」駅徒歩 7 分

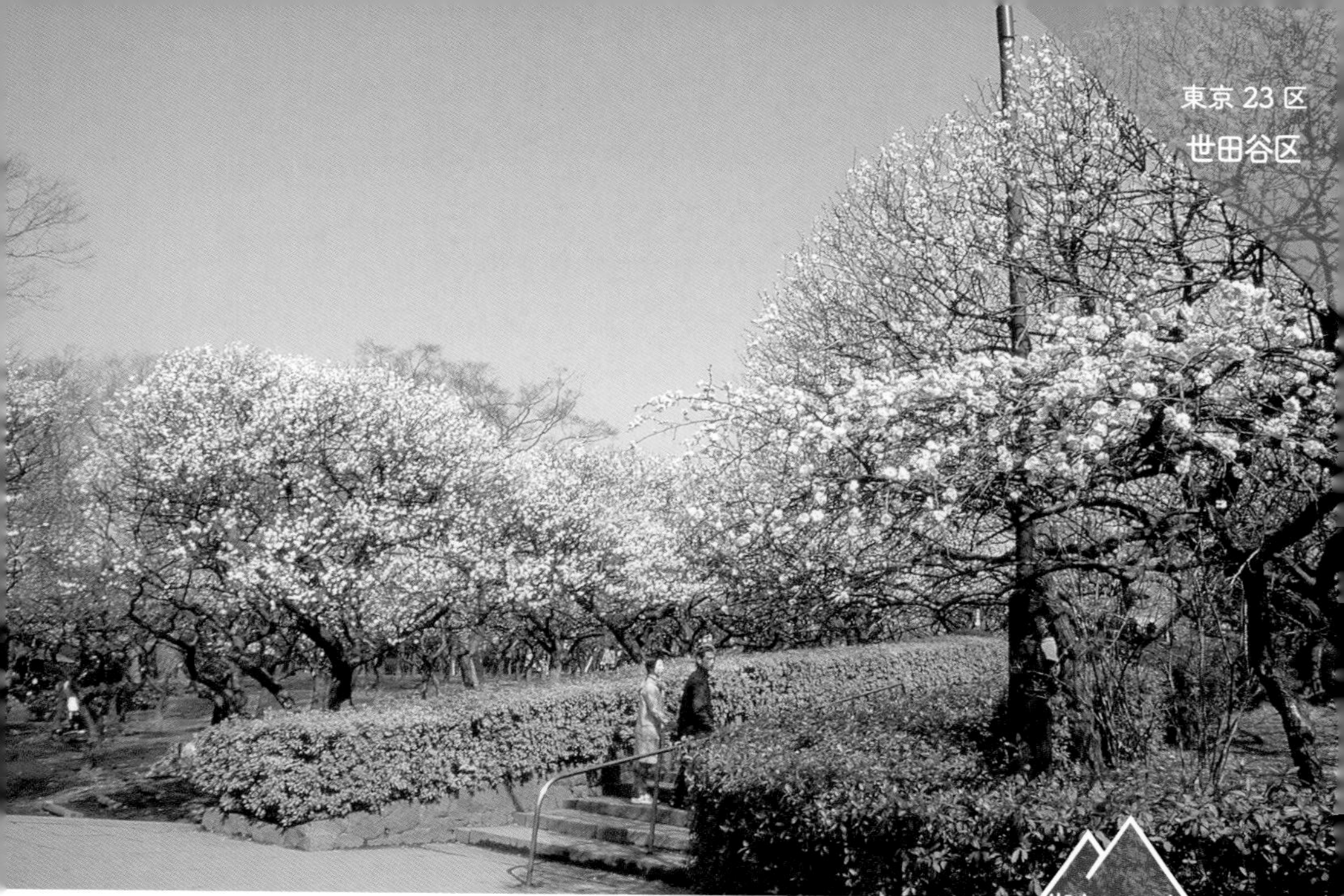

昭和42年、世田谷区議会議員の当選者が記念植樹をしたことが梅林の始まり

街なかの山

23区で屈指の梅の名所

根津山《ねづやま》

（羽根木公園）

地元住民の憩いの場

　昭和31年（１９５６）に開園した羽根木公園。２万４千坪の広大な敷地には、野球場やテニスコートの他、全国初の冒険遊び場「プレーパーク（※）」を擁し、親しまれている。野球場からは活気溢れる子どもの声が響き、犬の散歩や、ランニングをする人の姿も。その昔、六郎次という鍛冶屋が住んでいたことから「六郎次山」、また、大正時代末期に敷地の一部が根津財閥の所有であったことから「根津山」などと呼ばれるように。今なお地元住民からは根津山の公園、六郎次山と呼ばれているという。南側斜面には、紅梅２７０本、白梅３８０本が植えられ、梅の名所としても知られる。

園内にある和室「星辰堂」の休憩スペースは、訪れた人の憩いの場となっている

※「自分の責任で自由に遊ぶ」をモットーにした遊び場

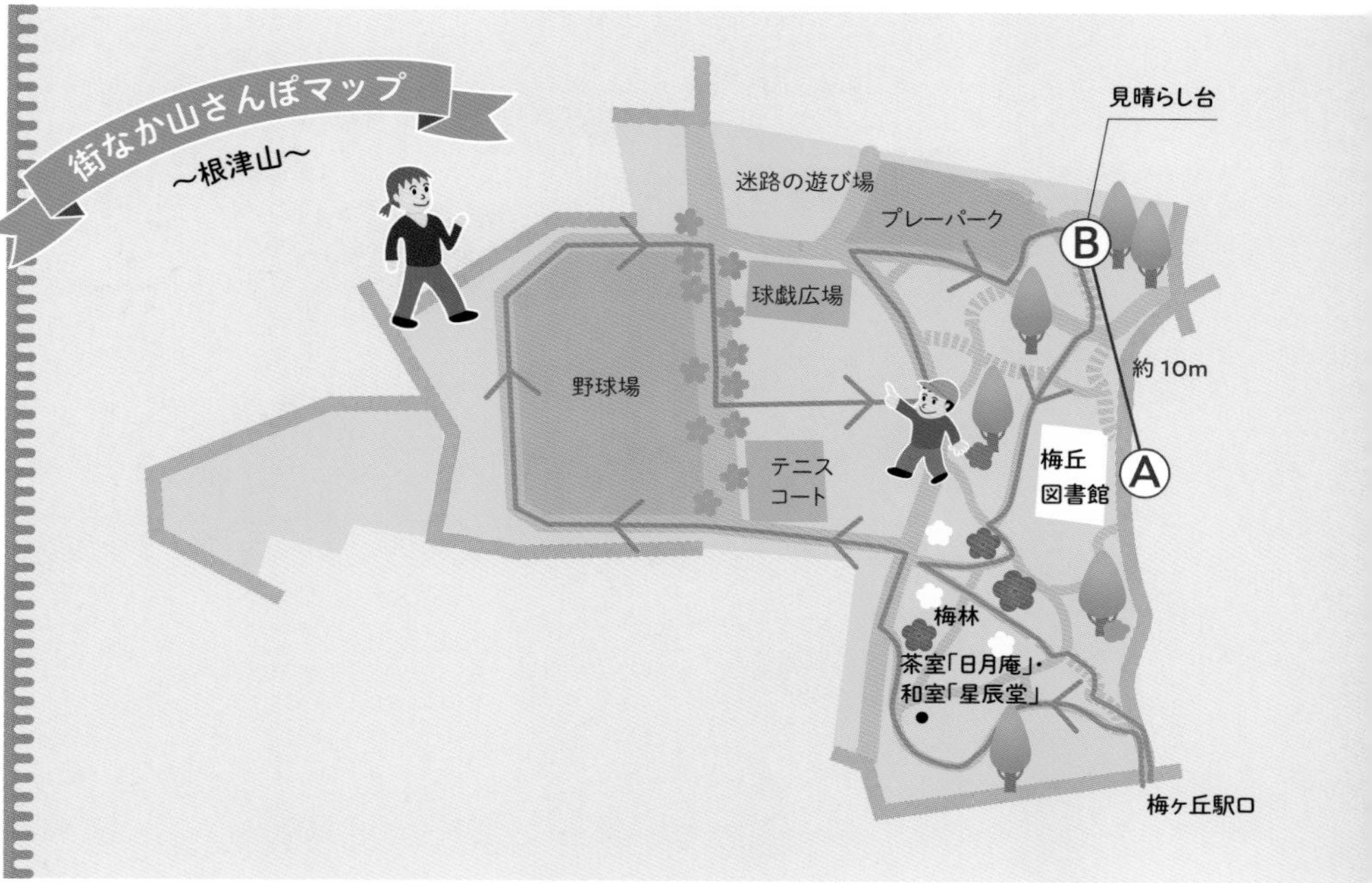

こぼれ話

ここに注目！

せたがや梅まつり

梅まつり開催期間中の土曜、日曜、祝日には、様々なイベントを開催。箏曲演奏や太鼓、俳句講習会、抹茶野点《のだて》、餅つきほか、植木・園芸市や、梅にちなんだ食べ物などの販売も行われる。

※ 2021 年・梅まつりは、新型コロナウイルス感染症の感染拡大防止の観点より中止が決定

ここに注目！

こぼれ話

桜並木の広場

世田谷区住民の憩いの公園で、特に梅が有名だが、桜の頃には野球場に面する園内中央付近の桜並木の広場も美しい。お花見シーズンはシートを広げて楽しむ人の姿が見られる。

Data

難易度：★★

10m

30 分

東京都世田谷区
代田 4-38-52

小田急線
「梅ヶ丘」駅徒歩 5 分

画像はすべて © 世田谷区

富士塚

登山道は階段などの整備がないので、ハイキングシューズを履いて行くと安心

練馬区内最大規模の富士塚

大泉富士

おおいずみふじ

気分はハイキング
石碑が続く登山道

八坂神社の脇にある高さ12m、直径30mの練馬区最大の富士塚。この辺りの昔の地名から別名「中里の富士塚」と呼ばれるが、清瀬市の「中里の富士塚」（P94）とは関係ない。頂上まで続くつづら折りの登山道の道中に36基の石造物があり、その中には練馬区内で唯一の道祖神の碑も含まれるという。頂上からは練馬の住宅街が一望できる。

山中の石造物の一つである、練馬区内唯一の道祖神の石碑

明治初期に現在の形に造られたと伝えられているが、文政5年（１８２２）の浅《せん》間《げん》大神の石碑がある事から、江戸時代には富士塚の原型がすでにあったのではないかと言われている。毎年8月1日に富士信仰の行事「山開き」が行われている。

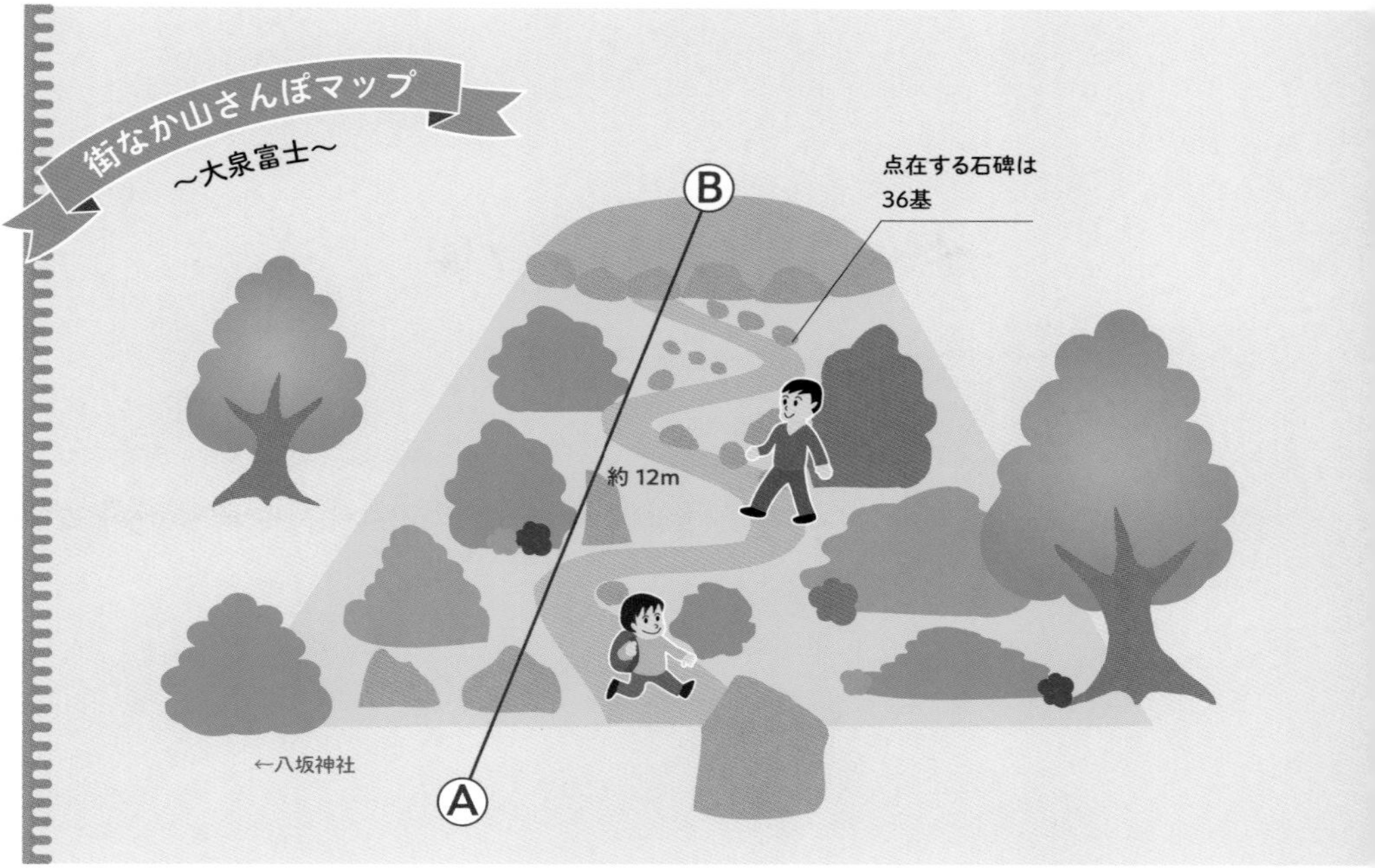

史跡

ここに注目！

少し怖い八坂神社の由緒

八坂神社の御神紋である「五瓜《ごか》紋」に切り口が似ていることから、胡瓜を食べると神罰を受けるという言い伝えがある。また、境内の樹木を折ると熱病にかかると言われ、説明板にも書かれている。

ここに注目！

公園

本物の富士山が見える見晴らし台

八坂神社に隣接している「風の丘公園」は、長い階段を上ると見晴らし台があり、天気の良い日には富士山が見えるという。大泉富士の山頂からは富士山は見えないので、来た際には寄ってみよう。

Data

難易度：★

- 12m
- 10 分
- 東京都練馬区大泉町 1-44
- バス停「別荘橋」より徒歩 3 分

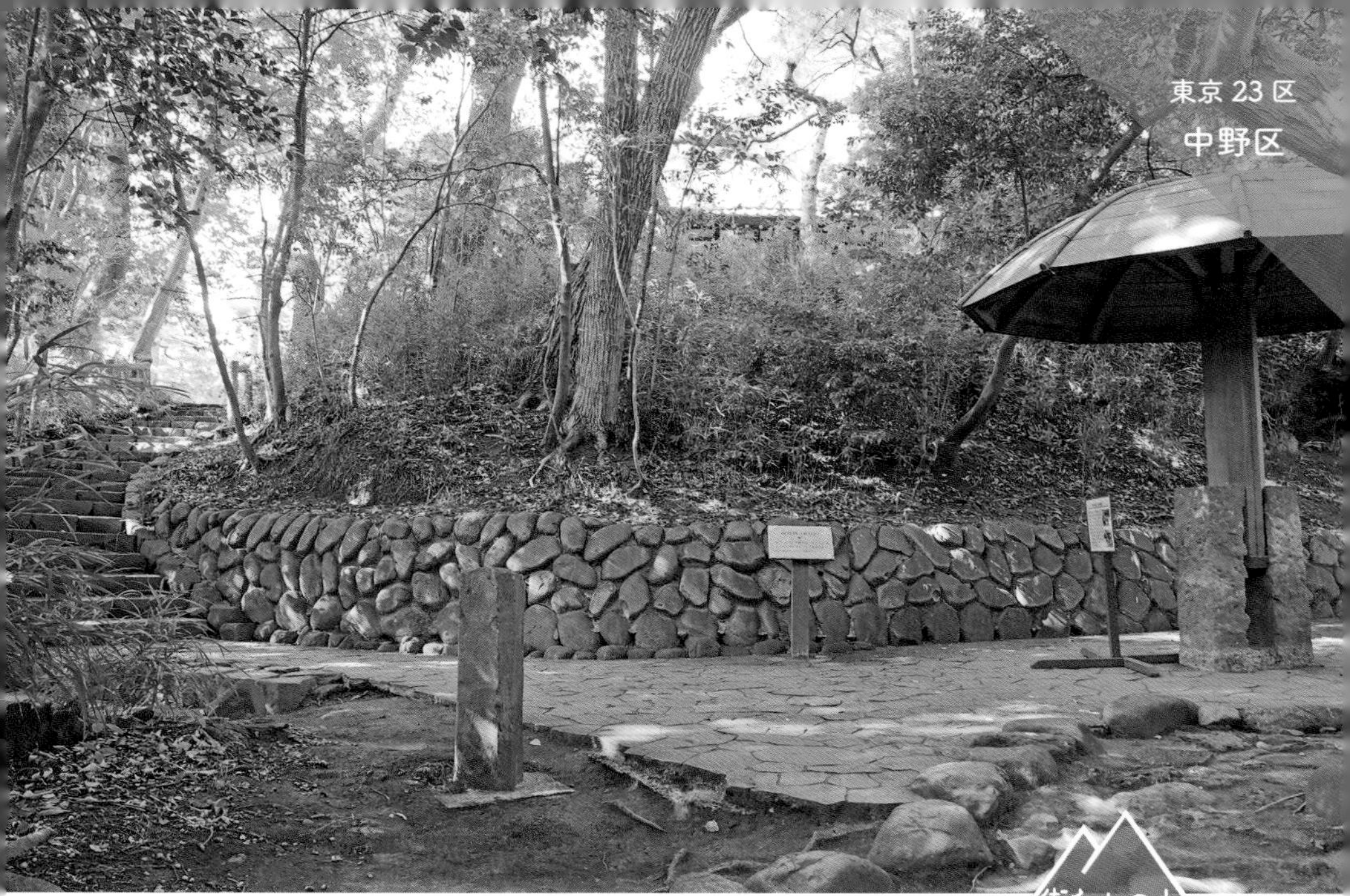

都会の喧騒を忘れる園内は、2020年に国の名勝として登録された

街なかの山

哲学堂公園に存在した館跡

和田山《わだやま》（哲学堂公園）

哲学の思想が公園内に散りばめられた丘陵

中野区にある、緑に囲まれた起伏のある丘陵の公園。ここはかつて、鎌倉時代の武将、和田義盛が陣屋を構えたという伝承があることから「和田山」と呼ばれた。明治37年（1904）に哲学者の井上円了が和田山に孔子、釈迦、ソクラテス、カントの4人を祀った「四聖堂」を建設したことを機に、「哲学堂」の建設が始まった。

「六賢台」や「絶対城」「宇宙館」といった、哲学に由来するユニークな名前のスポットが77か所あり、飽きることなく公園内を散策できる。都内有数の桜の名所としても知られ、3月下旬には多くの人が訪れる花見スポットでもある。

明治37年に建立された、園内最古の建築物である「四聖堂」

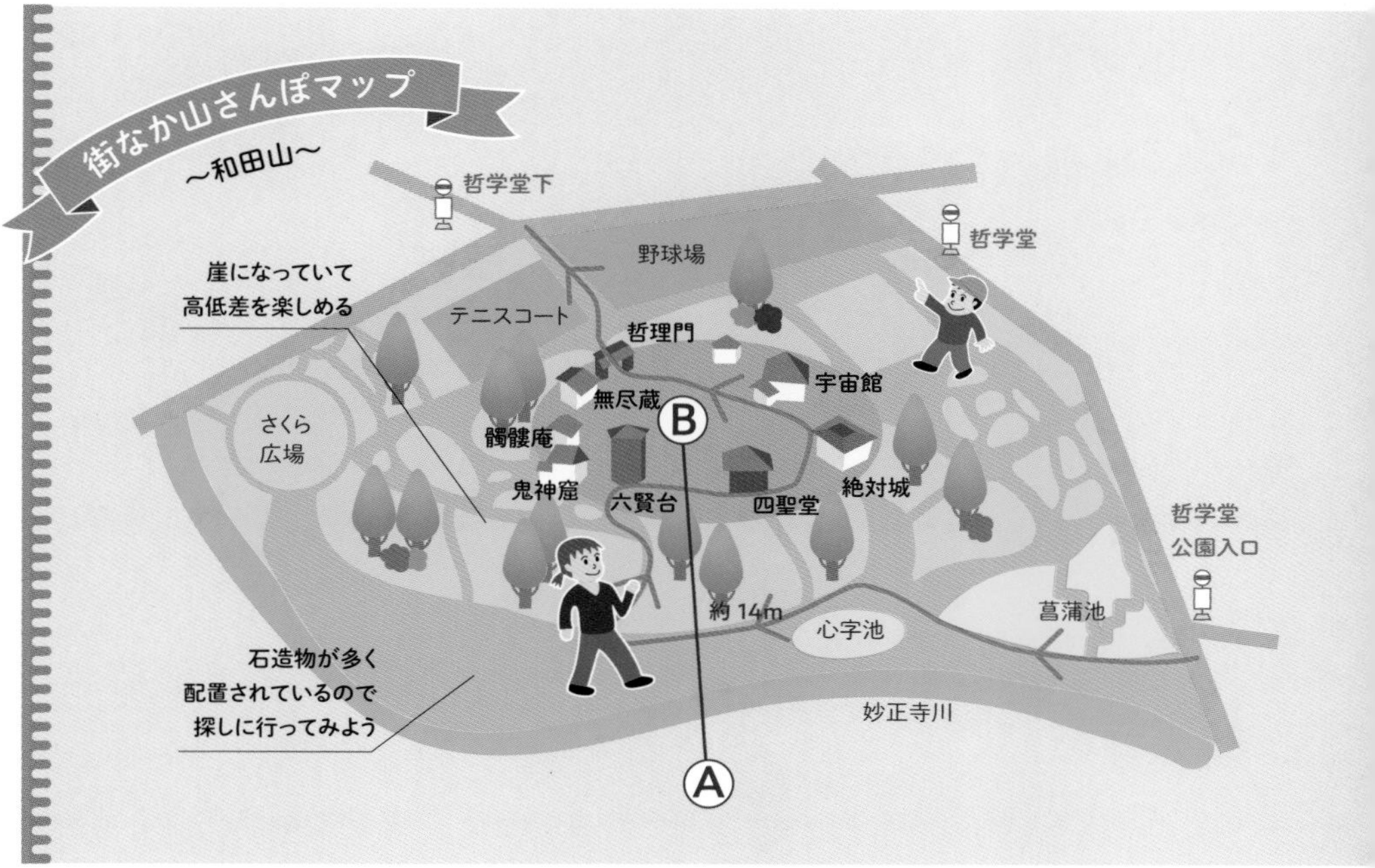

こぼれ話

ここに注目！

妖怪の正体を突き詰めた井上円了

哲学堂公園を開園した井上円了（1858 – 1919）は、「こっくりさん」等、妖怪の仕業と考えられていた事象を心理的に研究した、妖怪研究の第一人者として知られている。公園内では鬼やたぬき、天狗、幽霊などをモチーフにした木像や石造物などを見ることができる。

ここに注目！

こぼれ話

地名の由来になった武将・和田義盛

和田山の地名の由来となった和田義盛（1147-1213）は侍所の別当に選ばれ、源平合戦で活躍した武将。権力争いにより北条義時率いる鎌倉幕府を相手に戦うが敗死し、和田一族は滅亡した。

Data

難易度：★★

14m

27 分

東京都中野区
松が丘 1-34-28

西武新宿線
「新井薬師前」駅徒歩 12 分

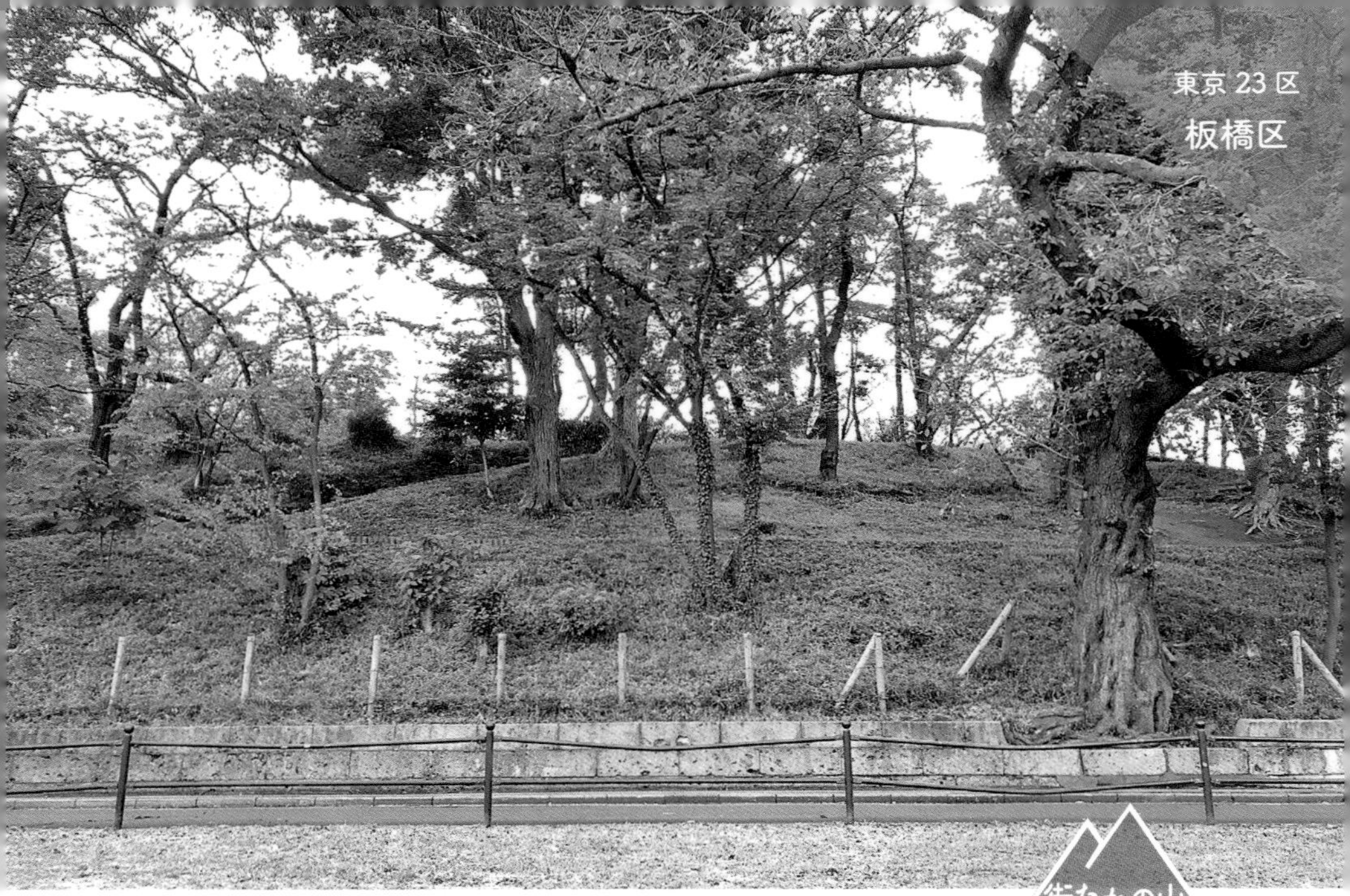

住宅街の中にある山の公園。駅から距離はあるものの、道中の見所は多い

街なかの山

自然豊かな桜の名所

茂呂山公園

もろやまこうえん

ピクニックに最適な公園

　上板橋駅から徒歩20分ほど、小高い山全体が公園となった「茂呂山公園」。階段のほか、坂道もあり、車椅子でも登ることが可能だ。歩道は舗装されていないので、雨の日は滑らないよう気を付けよう。山頂には遊具や広場があり、子どもたちの遊び場として賑わっている。晴れた日にはピクニックに訪れる家族連れも。公園自体は広くはないが、トイレやベンチが設置されているので、ゆっくりと休憩することができる。木々に囲まれた公園内で森林浴もいいだろう。

　春には桜が咲き乱れ、地元の人のみが知る、隠れた桜の名所でもある。

山頂の遊具は新しく、子どもの遊び場として人気だ

街なか山さんぽマップ
~茂呂山公園~

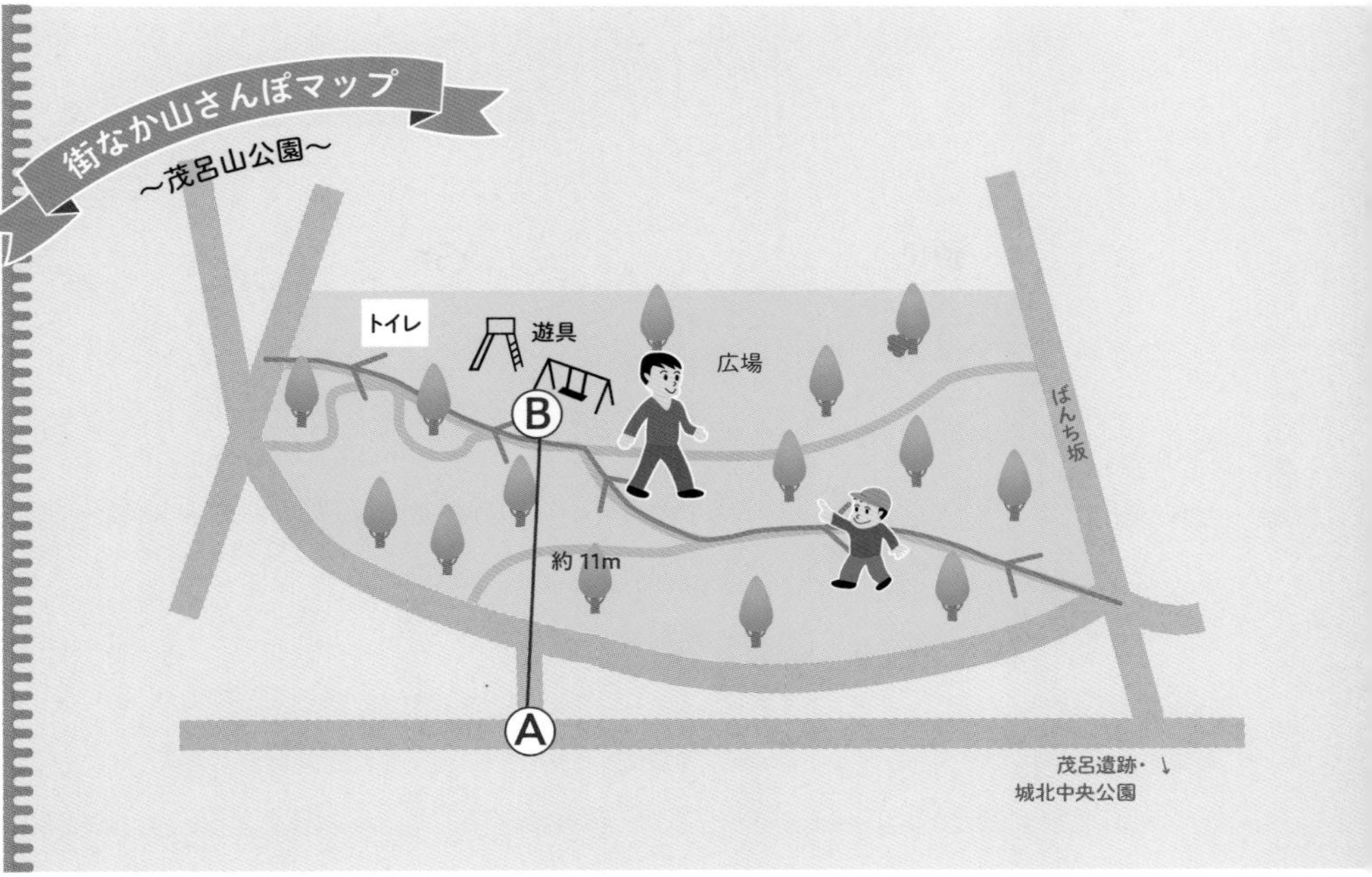

公園

ここに注目！

併せて立ち寄りたい都立城北中央公園

駅から茂呂公園へ向かう途中に目にする大きな公園。板橋区と練馬区の間に位置し、野球場、テニスコート、陸上競技場などの設備が充実している。散歩コースもあるので散策してみてはいかがだろう。

ここに注目！

史跡

茂呂遺跡

東京で初めて旧石器時代の遺跡が発見された場所。丘陵となっており、発掘調査で黒曜石の石器等が出土した。現在柵で囲まれ入ることはできないが、定期的に特別公開を行っており、その際に立ち入って見学することができる。

Data

難易度：★

- 11m
- 30分
- 東京都板橋区小茂根5-2-17
- 東武東上線「上板橋」駅徒歩20分、東京メトロ有楽町線「小竹向原」駅徒歩15分

駅から徒歩3分で緑豊かな別世界に

街なかの山

由緒ある神社が祀られている低山

志村城山

しむらしろやま

駅から近い
自然豊かな城山公園

志村城山は舌状《ぜつじょう》台地と呼ばれる、舌を伸ばしたように細長く突き出た台地の先端に位置する。築城時期は定かではないが、戦国武将の千葉信胤《のぶたね》が赤塚城（p58）の前衛拠点として入城した歴史が残っている。北の山裾まで荒川が、南の裾を出井《でい》川が流れ、城の水濠となっていた。大永4年（1524）、北条氏綱に攻められ落城し、そのまま廃城となった。城山は戦後すぐに土地開発で工場が建てられ、遺構はなくなってしまい現在は石碑が建つのみである。志村城山公園の崖線は危険な場所として指定されているので、崖には近づかないように歩こう。

崖線にある看板。ここから先は立ち入らないようにしよう

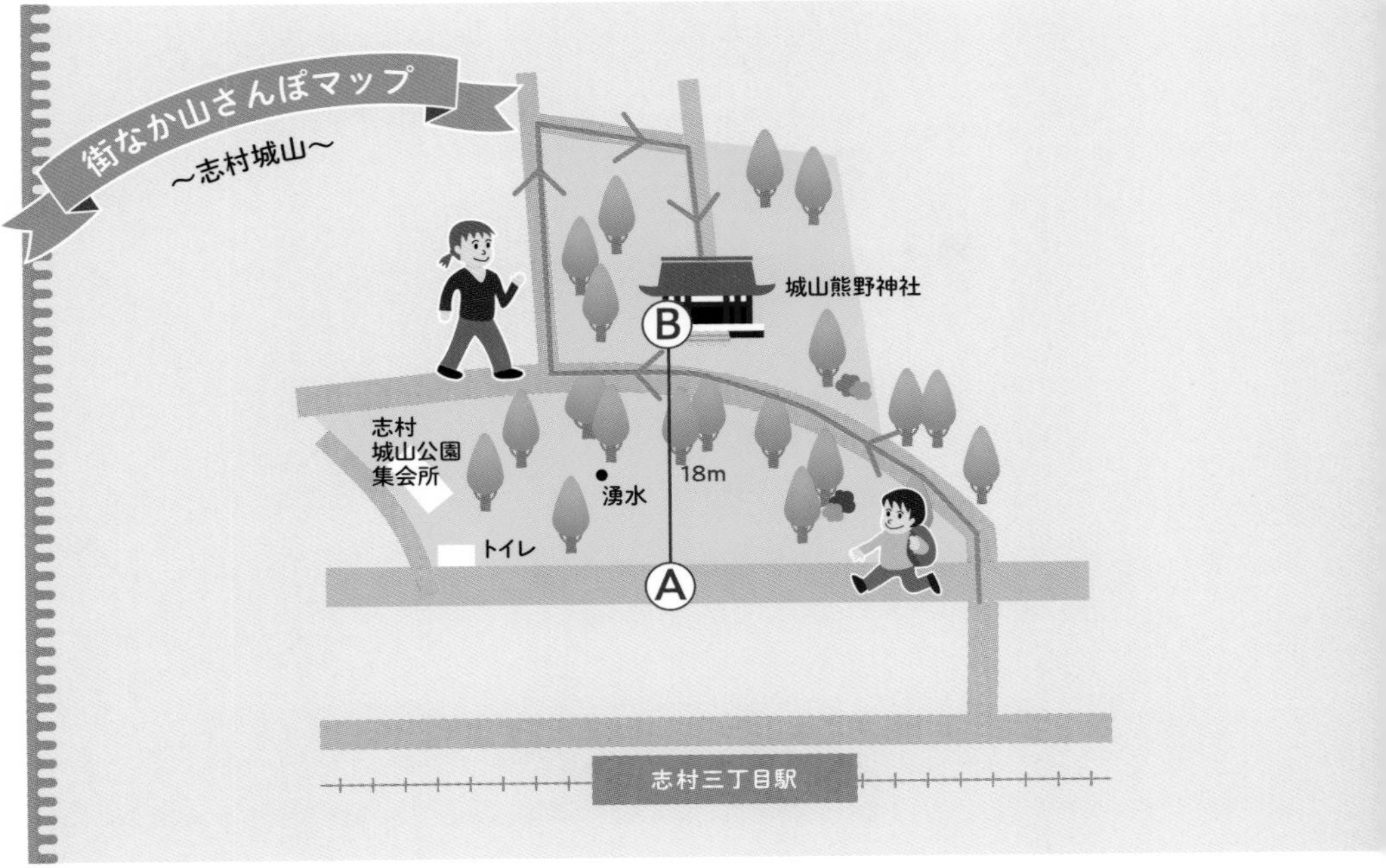

こぼれ話

ここに注目！

城山熊野神社

志村城の二の丸跡地にある城山熊野神社は、古墳の上に社殿が建てられている。長久 3 年(1042)、豪族の志村《しむら》将監《しょうげん》が紀州から勧請したと言われている。境内西側は低地となっており、空堀に使われていたという。志村城唯一の遺構として今も確認できる。

ここに注目！

Data

難易度：★

18m

10 分

東京都板橋区志村 2-17

都営三田線
「志村三丁目」駅徒歩 3 分

史跡

志村城山の湧水

志村城山一帯は 2008 年、湧水保全地域に指定され、いくつかの湧水スポットがある。徳川吉宗が鷹狩の際に訪れた清水坂には、その湧水のおいしさに感動したという話が残されている。現在、湧水を飲むことはできない。

赤塚溜池公園から臨む赤塚城址の山。城跡の広場まで階段が多く、ウォーキングに最適

街なかの山

赤塚城址

あかつかじょうし

希少な植物が自生する自然豊かな公園

希少な花咲く公園 充実した資料館も併設

都立赤塚公園の最西端に位置する城址地区は、戦国武将の千葉自胤《これたね》が治めた赤塚郷の城跡とされる。堀切ととれる坂道を登り、梅林の道を進むと、本丸跡の広場が見えてくる。広場には案内板と石碑が建つのみとなっている。高さ15mほどの台地からは高島平の街並みを木々の隙間から見ることができる。隣接の板橋区赤塚溜池公園には、堀の一部だったと伝わる溜池が残っており、釣りをしている人も。周辺の約２００本の梅の木は春の名物となっており、毎年3月には「梅まつり」が行われている。郷土資料館と美術館が隣接しているので、訪れた際には立ち寄ってみるのもいいだろう。

本丸跡を示した石碑があるのみで、遺構は残っていない

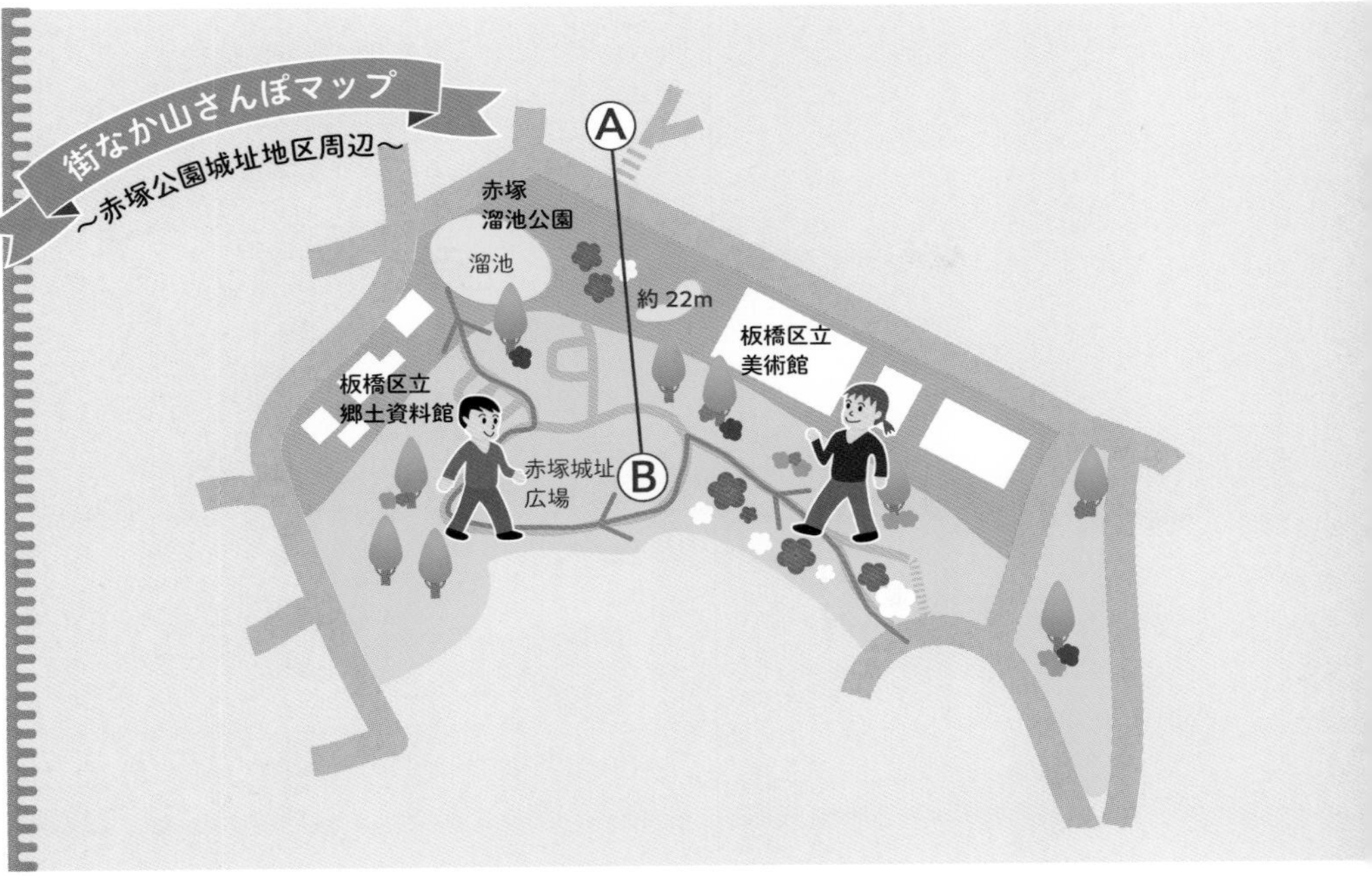

こぼれ話

ここに注目！

都内最大級のニリンソウ自生地

板橋区の区の花に指定されているニリンソウは、東京 23 区では準絶滅危惧種に指定されている。赤塚城址の東側、都立赤塚公園の大門地区は都内最大級のニリンソウ自生地として知られ、毎年春には野草観察会が行われている。

ここに注目！

こぼれ話

公園内の資料館で板橋の歴史を学ぼう

赤塚城址に隣接した「板橋区立郷土資料館」は、館内展示の他に、江戸時代の古民家や井戸など、付属施設が充実。板橋の歴史や文化を知ることができる。夏には手ぬぐい染めや勾玉作りのイベントを行っている。

Data

難易度：★★

22m

20 分

東京都板橋区赤塚 5 丁目

都営三田線
「西高島平」駅徒歩 13 分

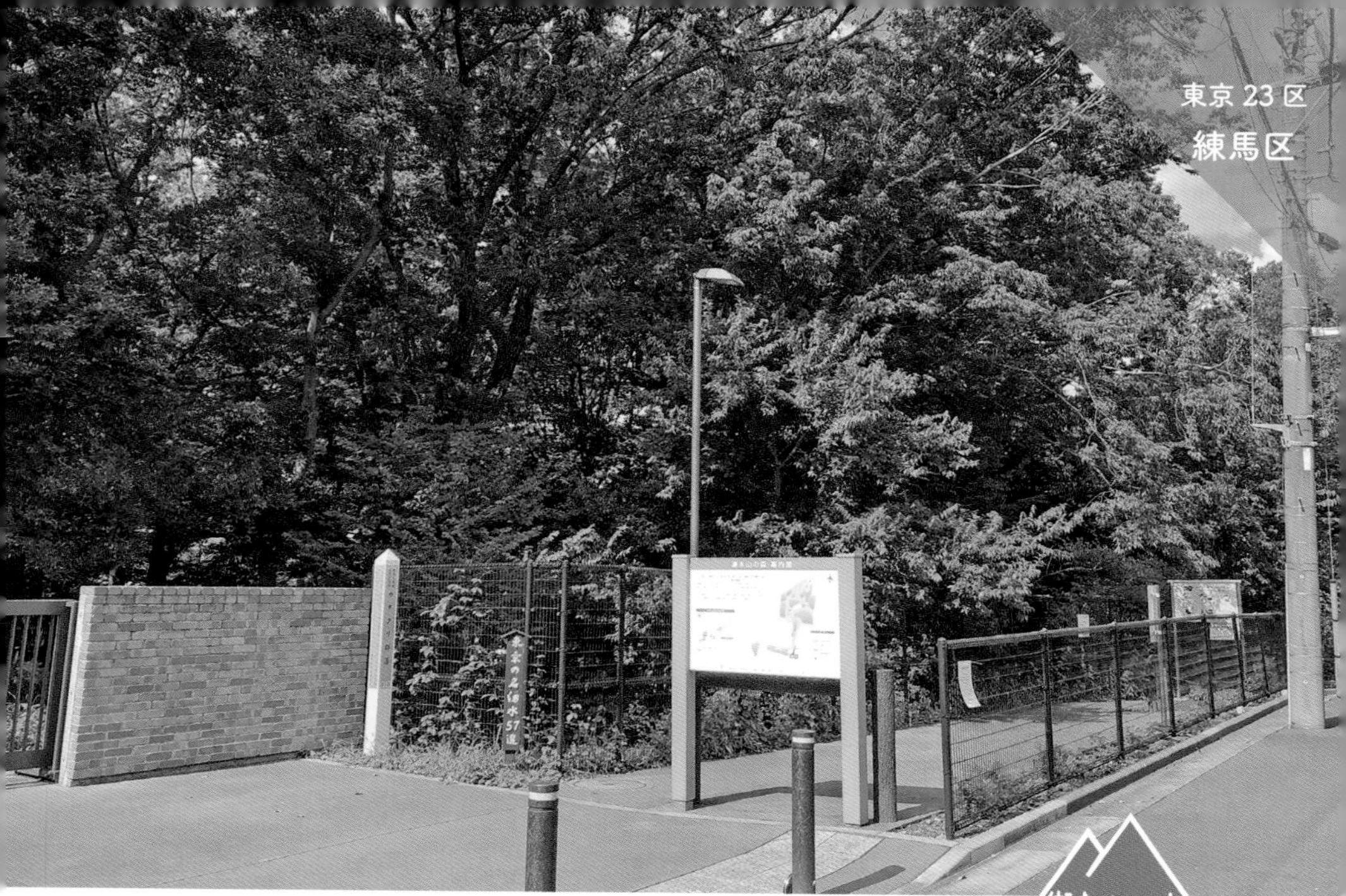

自然環境の保全に取り組んでいる清水山

街なかの山

斜面林の保全を目指した山

清水山

しみずやま

自然豊かな森の公園を散策しよう

白子川沿いの住宅街にある「清水山の森」。カタクリをはじめとする貴重な野草の生育地で、人工物を限りなく控えた公園として整備されている。

公園には駐輪場があり、自転車で訪れるのもいいだろう。また、公園内は坂道が多いので、スニーカーを履いて登るのがおすすめ。遊歩道は綺麗に整備されているので、安心して歩くことができる。特にカタクリの咲く春は、カタクリの他、シュンラン、ニリンソウなどたくさんの種類の野草が咲き誇る。夏に咲くヤマユリやキツネノカミソリなど四季を通じて自然豊かな森を満喫できる。

春に花を咲かせるカタクリの群生地には約10万株のカタクリが自生している

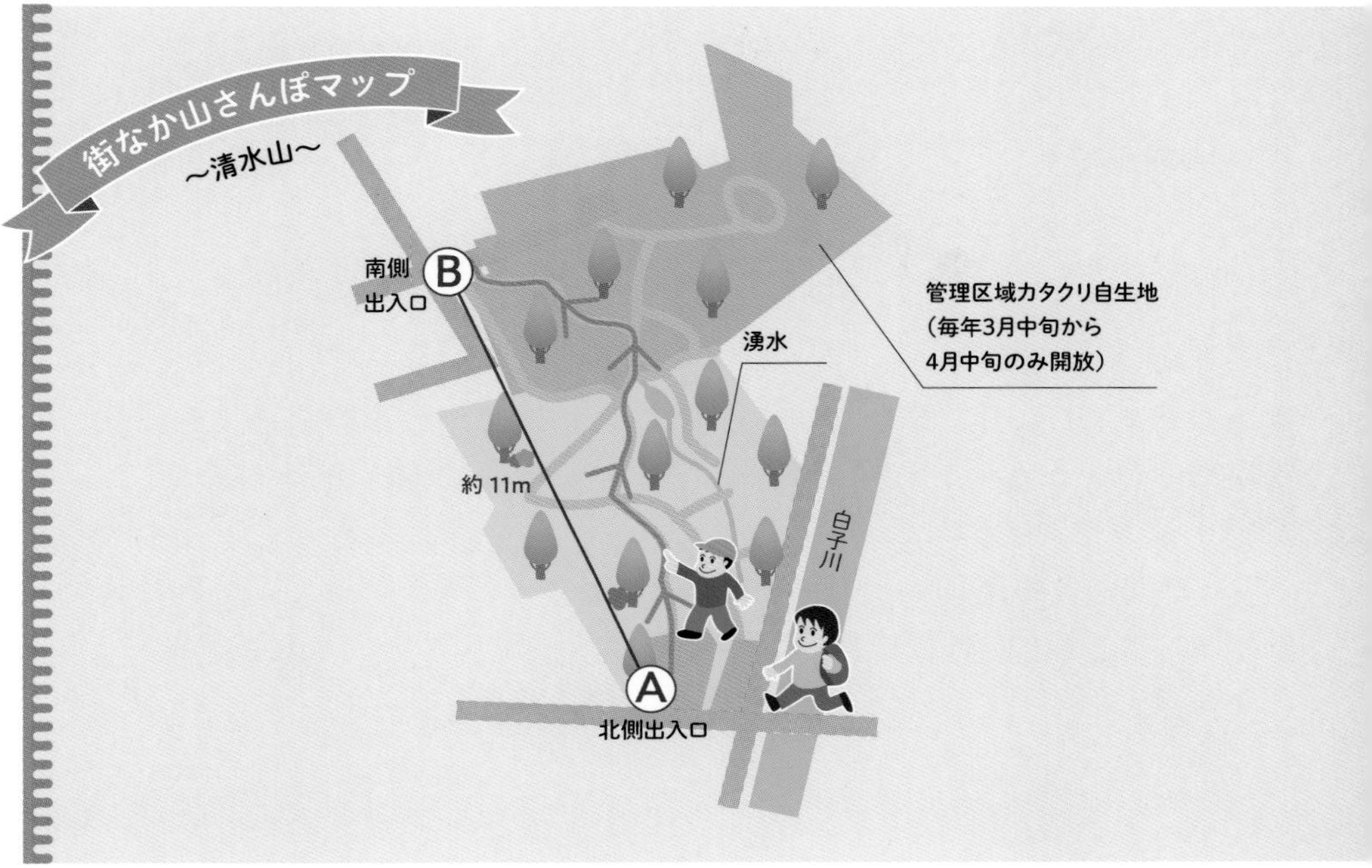

こぼれ話

ここに注目！

23 区唯一の大規模なカタクリ群生地

清水山は 23 区で唯一のカタクリが自生する大規模な群生地として知られている。群生地のカタクリは 3 月下旬から 4 月の上旬にかけて開花する。開放時はガイドが常駐しているので、解説を聞くことができる。春に咲く貴重なカタクリを見に行ってみよう。

ここに注目！

清水山の湧水

こぼれ話

清水山の湧水は、「東京の名湧水 57 選」のひとつ。景観の良さが理由で選ばれた。近くを流れる白子川の源流である大泉井頭公園をはじめ、いたるところで今でも湧水があり、川沿いの散策には最適だ。

Data

難易度：★

- 11m
- 30 分
- 東京都練馬区大泉町 1-6
- バス停「土支田二丁目」より徒歩 3 分

富士山への信仰と登山への憧れが凝縮した

富士塚

富士塚とは、富士山を模した小さな山で、主に関東地方の神社の境内に築かれることが多い。江戸時代から盛んになった富士山信仰に基づいて築かれたもので、いずれも頂上まであっという間に登れてしまう小さな山だが、登山道には「合目石」が置かれたり、鳥居や祠が築かれたりするなど、富士山への信仰心と富士登山への憧れが凝縮されている。

Q1 富士山信仰はいつから始まった？

富士山は大昔より活発な活動を続ける火山として、畏敬と崇拝の念を集めてきた。縄文時代の遺跡「環状列石（ストーンサークル）」からも、すでに信仰の起こりを見ることができる。古代より神の山として遥拝され、各地に富士山を御神体として祀る浅間神社が創建された。

7世紀、役行者《えんのぎょうじゃ》という呪術者が登山したという伝説が残るが、確かな記録として残っているのは平安時代後期。末代上人《まつだいしょうにん》が山頂に大日堂《だいにちどう》を建て、富士山は神仏習合の修験道を修業する山として確立した。

室町時代になると一般の登山者が増え、麓の町には参拝者の祈祷や宿泊の世話をした「御師《おし》」の集落が成立する。そして戦国時代末期、「富士講の祖」と呼ばれる山伏・長谷川角行《かくぎょう》が登場する。角行は富士山麓の人穴《ひとあな》にこもって仙元《せんげん》大菩薩の啓示を受け、富士山から全ての生命が生まれたという教えによって病を治す祈祷を行った。

角行から六代目の食行《じきぎょう》身禄《みろく》は江戸で油商を営む商人だが、角行の教えをさらに発展させ、それまでの呪術的な教えを否定し、各々が日々の生活や職務を全うして心の中で富士山を信仰すればよいと説いた。身禄の教えは弟子たちに受け継がれ、江戸の人々の間で富士山信仰が広まる。

Q2 富士塚が築かれるようになった経緯は？

現代のように気軽に旅行や登山ができなかった江戸時代、人々はお金を積み立てて順番に富士山へ登拝する互助組織「富士講」を作った。それぞれの地域に「先《せん》達《だつ》」と呼ばれるリーダーがいて、一行を引き連れて麓の御師町（御師の集住地域）まで行き、身を清めてから富士山へ向かったという。

この「富士講」の人々が、地元での拠点として富士塚を築いた。また、当時の富士山は女人禁制であり、病気や高齢のため登山が難しい人も多く、そのような人々にとって富士塚は「富士登山と同様のご利益がある」と考えられて人気を集めたという。

歌川豊国（3世）、歌川広重（2世）
「江戸自慢三十六興　鉄砲洲いなり富士詣」
（国立国会図書館所蔵）
浮世絵に描かれた鉄砲洲稲荷神社（東京都中央区）の富士塚。こちらの富士塚は現在も境内に残っている

Q2 現在、富士塚はどうなっているの？

富士講は明治時代以降も活動を続けるが、後にその多くが解散し、現在は受け継がれている地域はわずか。富士塚はそれらの講員が大切に保存に務めている他、歴史的・文化的価値があるとして自治体や地域住民による保全活動も行われている。2013年には富士山が世界文化遺産に登録された。信仰の山としての富士山に光が当てられることとなり、富士塚にも関心を寄せる人も少なくない。

超低山めぐり　楽しみ方のコツ①

山の種類と高さを知る

超低山に登る前にぜひ準備しておきたいのが、「山の種類」「高さ」「地形」を知ること。この準備をしておくことによって、登山は何倍も楽しくなるはずだ。本頁のコラム２では「山の種類」「高さ」、P88のコラム３では「地形」について解説しよう。

築山？ 天然の山？

まず大きく分けて、その山が人造の築山なのか、天然の山なのかを把握しよう。本書で紹介している富士塚や古墳のほとんどは人造の山。一方、台地の縁《へり》や丘陵地の山は言うまでもなく天然の山だ。

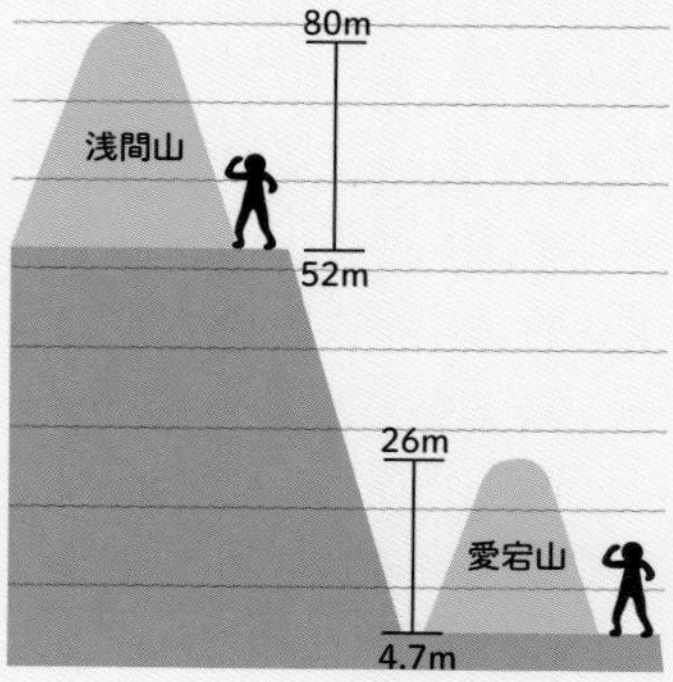

実感したいのは「高低差」

山の高さを表すのに一般的に使われる表記は「標高」だが、登り始めてから頂上までの“高さ”を実感するには、標高ではなく「高低差」を考えよう。例えば「浅間山」（P72）は標高約80 m、東京都港区の「愛宕山」（P8）の標高は約26 m。二つの山は54 mもの標高差があるが、実際に登ってみるとそんなに開きがあるようには感じない。というのも、そもそも周辺の標高が違うからだ。浅間山の周辺の低地の標高は約52 m。よって頂上の標高との「高低差」は28 m。愛宕山の周辺の低地は標高約4.7 m。よって頂上の標高との「高低差」は21.3 m。浅間山と愛宕山、実感できる山の高さの違いはわずか7 mほどにすぎない。本書では周辺の低地(A)と頂上(B)を線で結び、その高低差を表示している。

街なか
山
さんぽ

東京 多摩

登山やハイキングにはしっかりとした準備が必要だが、近所の丘や高台ならば、スニーカーを履いていくだけ。東京郊外の超低山は、思い立ったら気軽に出かけられるのが魅力。自然の中でリフレッシュしよう。

大松山（P76）近くの「ゆうひの丘」

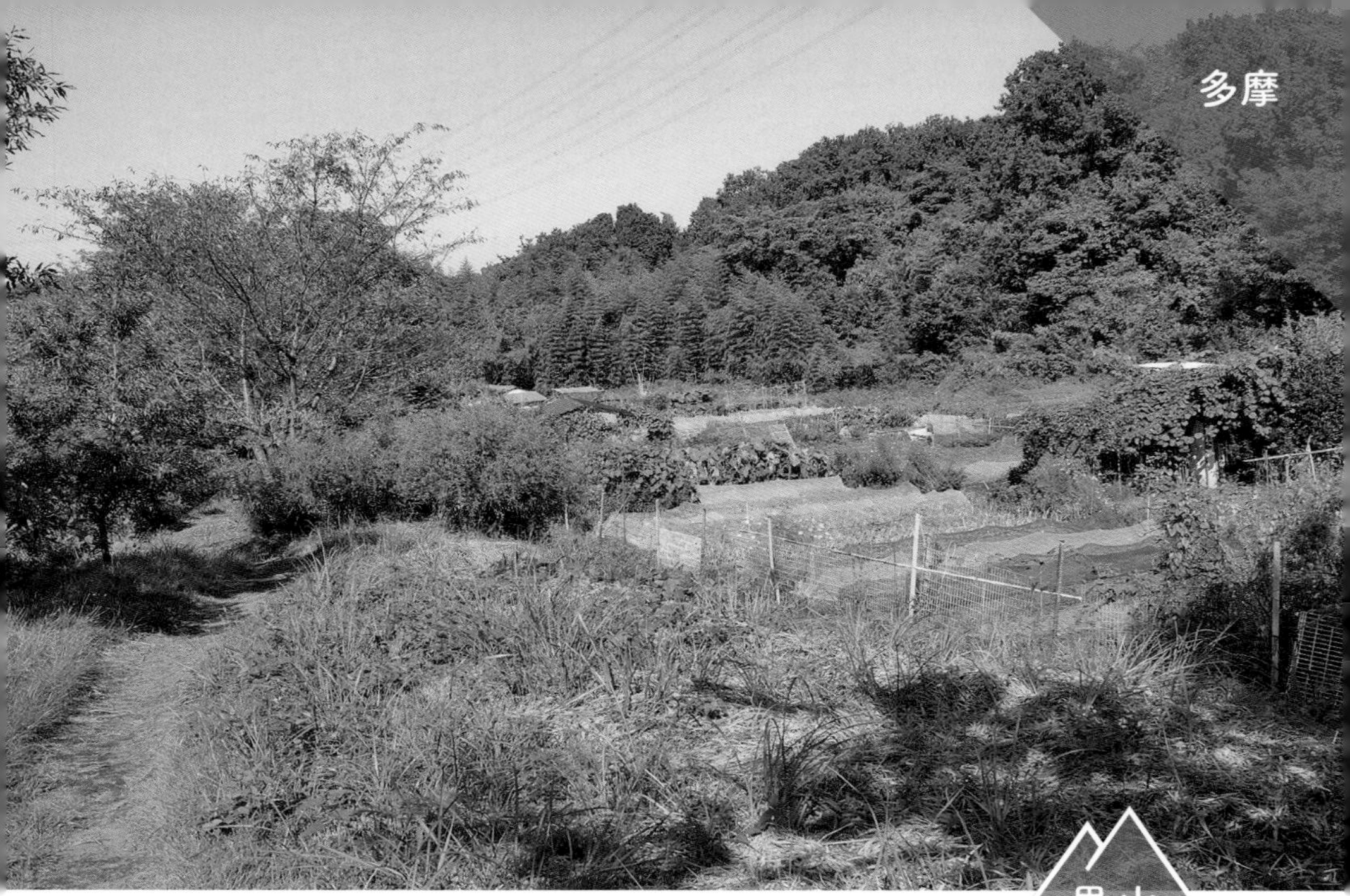

「多摩よこやま道」の里山の散策路。右手に写る小山の向こうに諏訪ヶ岳がある

里山

諏訪ヶ岳

すわがたけ

万葉の時代の歴史をたずねて

なだらかな丘陵を歩く 多摩よこやまの道

諏訪ヶ岳の一帯は「多摩よこやまの道」としてなだらかな散策路が整備されている。古代、武蔵の国府(府中)から眺めた横に長く連なる多摩丘陵を「多摩の横山」と呼んだ。万葉集にある「赤駒を山野《やまぬ》に放し捕りかにて多摩の横山徒歩《かし》ゆか遣《や》らむ」は、防《さき》人《もり》として召集され、任地へ向かう夫に馬を用意することができずに申し訳ないという気持ちを詠んだ妻の歌である。

諏訪ヶ岳は「多摩よこやまの道」の途中にあり、標高144・5m。144・3m地点には国土地理院の三角点が立つ。広場のようになっていて、ベンチが数個配置されている。

諏訪ヶ岳は木々が繁っていて見晴らしは良くないため、展望を望むなら近くの「防人見返りの峠」へ

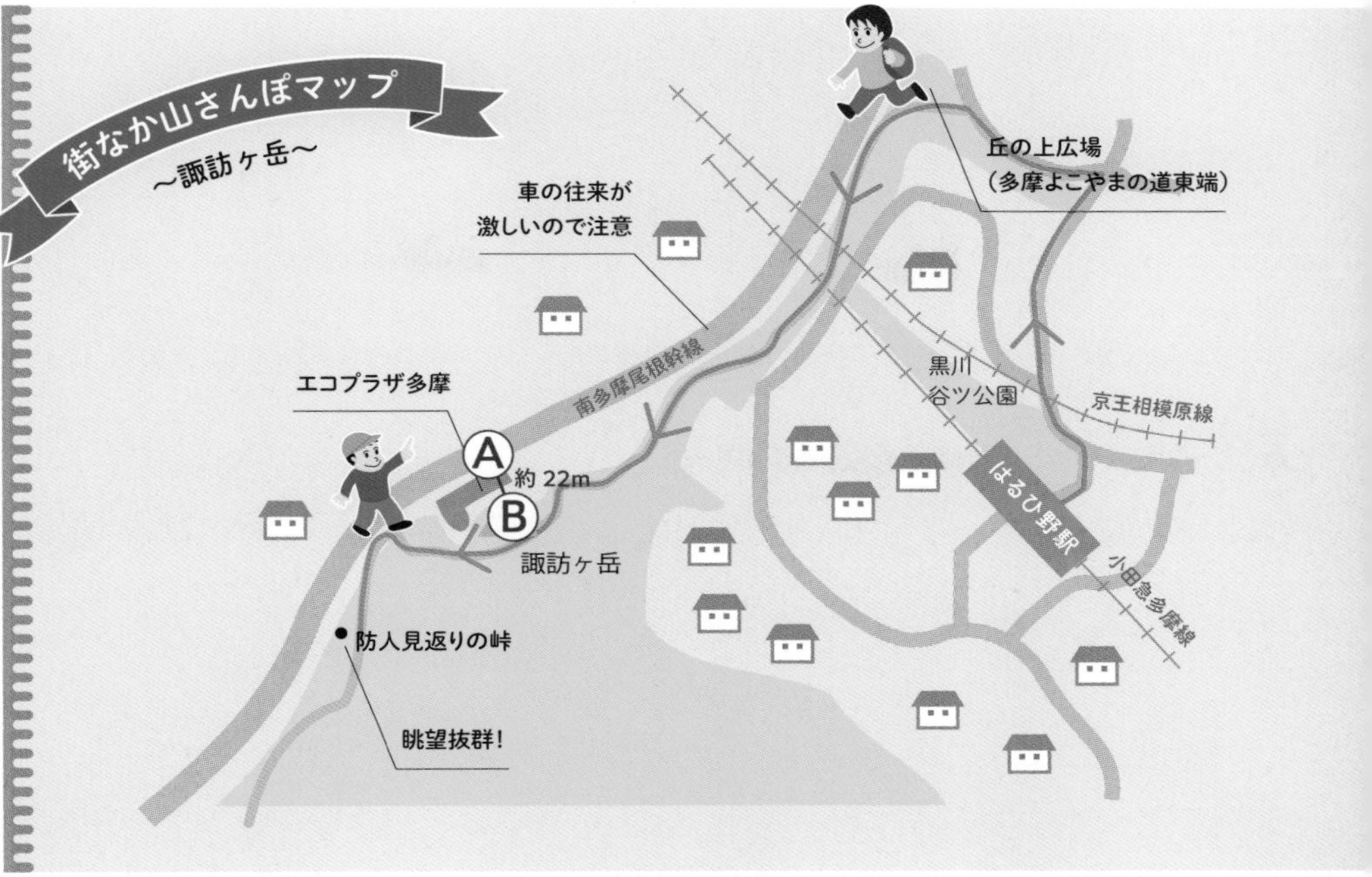

史跡

ここに注目!

丹沢から奥多摩まで一望

諏訪ヶ岳から十分ほど歩くと「防人見返りの峠」がある。ここは展望広場となっており、丹沢の山々、高尾山、大菩薩嶺なども見ることができる。「多摩の横山」の尾根道は古代より武蔵野と相模野の両方を眺められる高台として、また西国と東国を結ぶ交通の要衝として位置づけられていた。

ここに注目!

こぼれ話

ロードレーサーの聖地

「多摩よこやまの道」の下を並行して走る道路は「南多摩尾根幹線」、通称「尾《お》根《ね》幹《かん》」と呼ばれている。波打つようなアップダウンを繰り返すため、ロードバイクのコースとしても人気。

Data

難易度：★★

22m

90 分

東京都多摩市・
神奈川県川崎市

小田急線「はるひ野」駅
徒歩 18 分

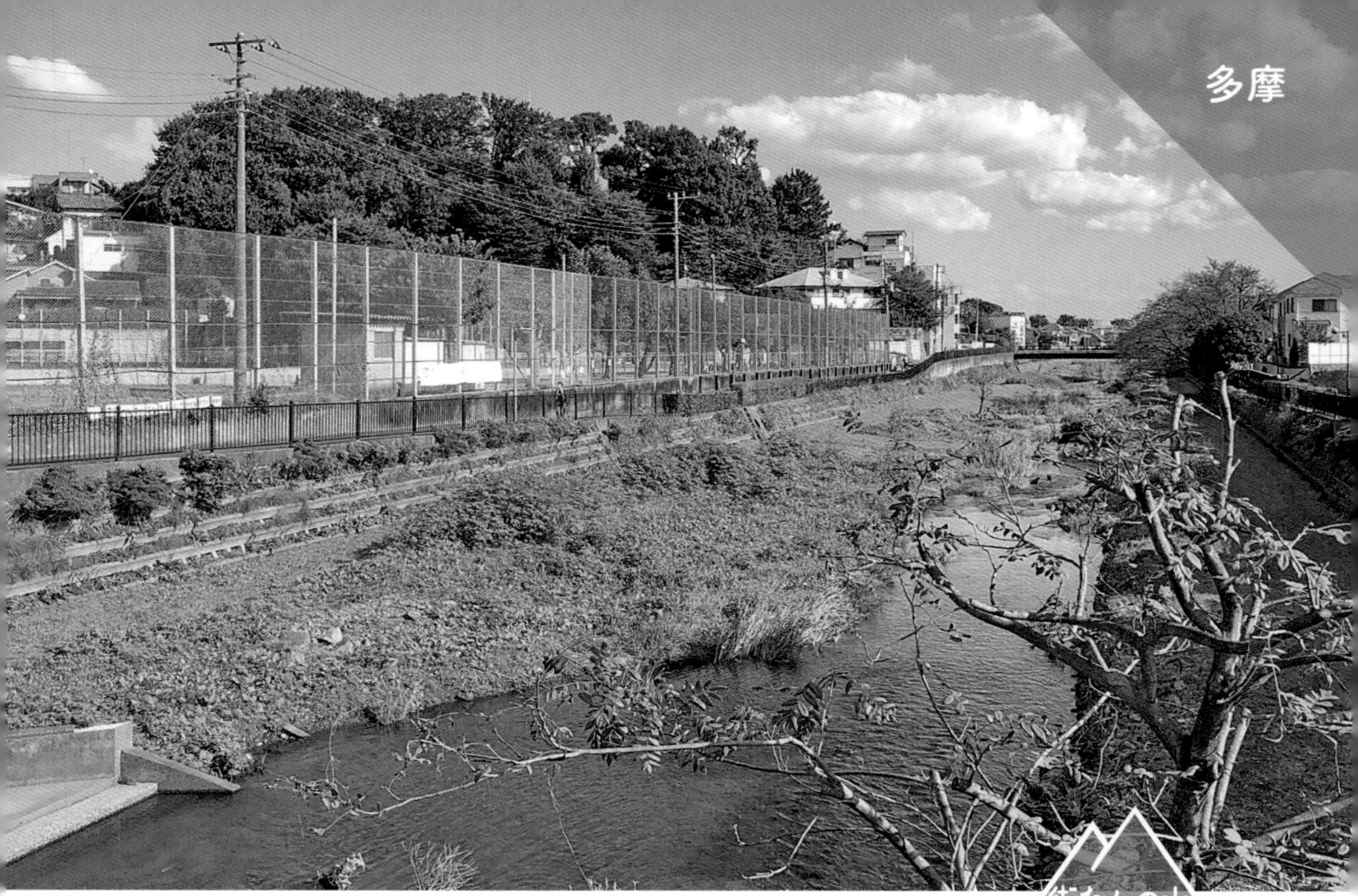
野川から見た高台。わずかに残る木立ちが「山」を感じさせる

街なかの山

太平洋戦争の高射砲陣地があった

羽沢台

はねさわだい

国分寺崖線上に南側を見下ろす高台

「野川」は国分寺市を水源とし、国分寺崖線（通称「ハケ」）の湧水を集めながら、小金井市、三鷹市、調布市、狛江市を経て、二子玉川付近で多摩川に合流する。その野川沿いの三鷹市大沢に、見晴らしの良い高台がある。周辺にある国立天文台や深大寺も国分寺崖線に沿った高台となっており、地形ファンにとっては見どころにあふれるエリアだ。羽沢台からは宅地造成や老人ホーム建設の際に、石器や土器、横穴墓など古代の遺跡が見つかったという。麓から頂上まで住宅が建ち並んでいるが、「大沢みはらし児童遊園」からの眺めは、ここが「山」であることを実感させてくれる。

大沢みはらし児童遊園。晴れて空気が澄んだ日には富士山も見えるという

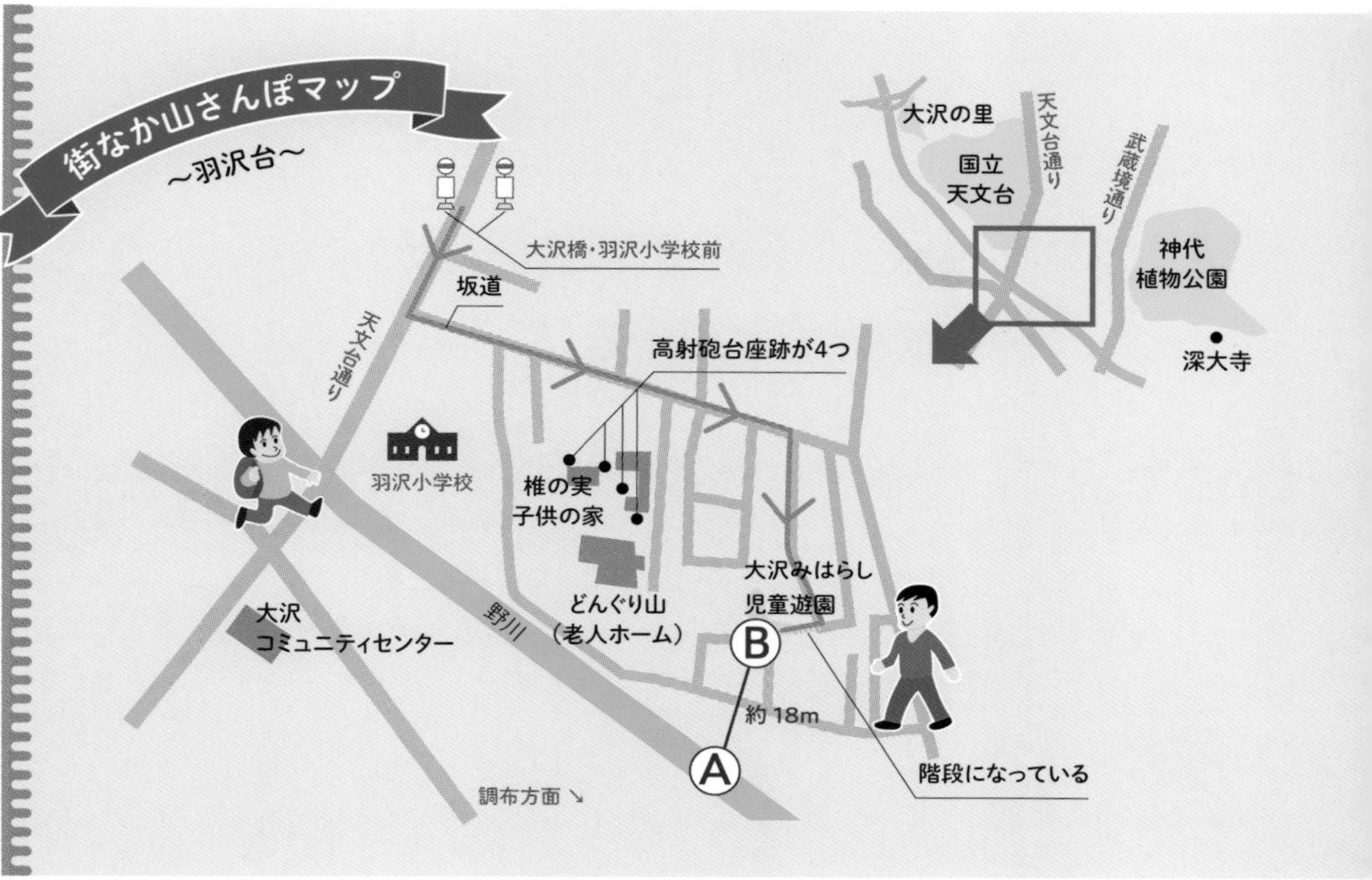

史跡

ここに注目！

高射砲陣地跡

太平洋戦争時、この地に近隣の調布飛行場や首都東京を守るための高射砲陣地があった。1945年2月に陣地を襲撃してきた米軍機と銃撃戦になり、死者が出た。現在、保育園「椎の実子供の家」の敷地内にその遺跡が残る。見学希望者は事前に園まで電話連絡が必要。

TEL0422-32-4103（月～金 9：00 ～ 17：00）

ここに注目！

癒し

野川沿いを歩く

目の前を流れる野川沿いは遊歩道になっており、散策コースに最適。上流に向かって15分ほど歩いたところにある「大沢の里」では水田や江戸時代に作られた水車を見ることができる。

Data

難易度：★

- 18m
- 20分
- 東京都三鷹市大沢
- バス停「大沢橋・羽沢小学校前」より徒歩10分

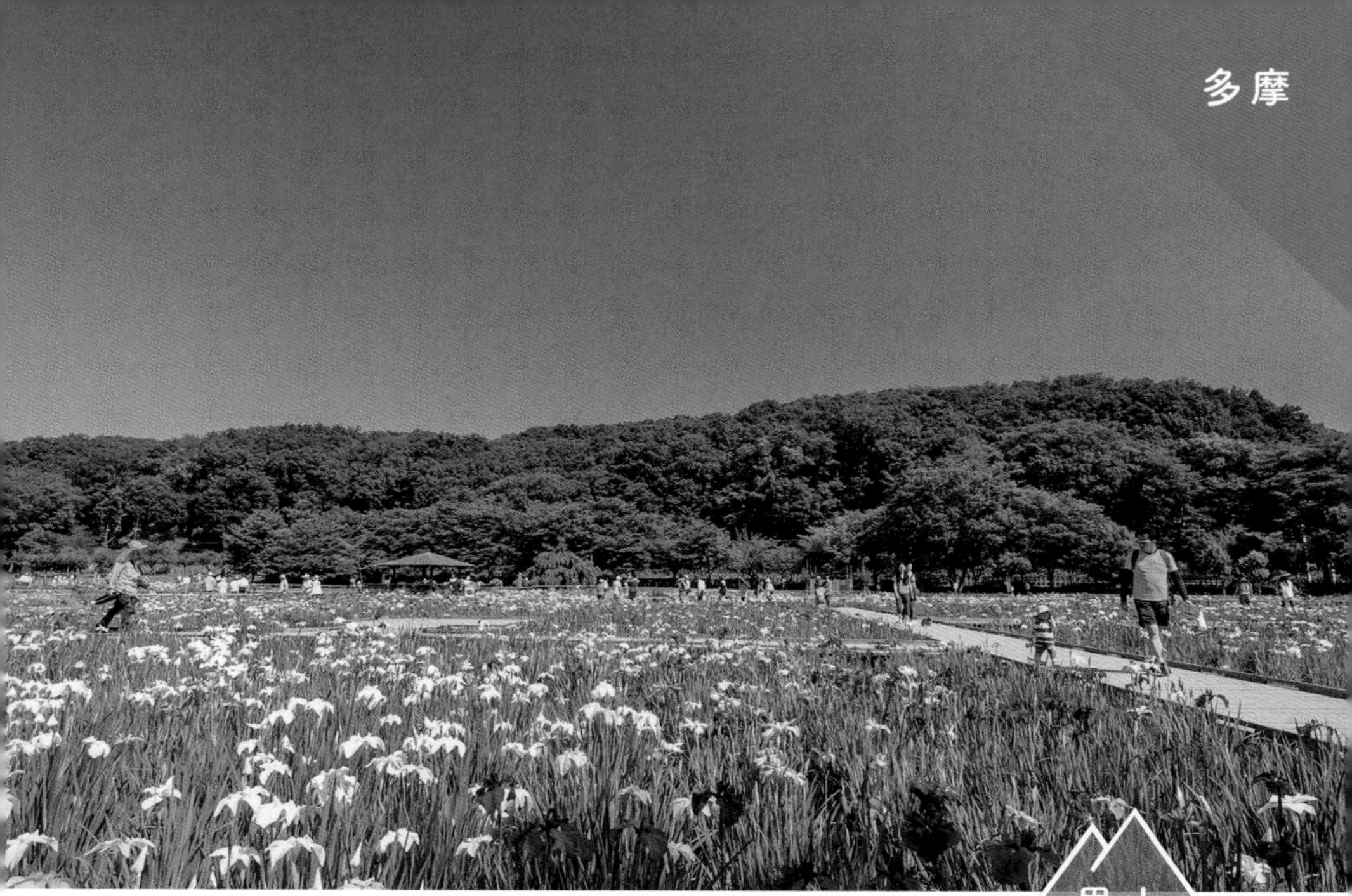

北山公園から眺める八国山。住宅街の中にありながら、のどかな里山風景が広がる

里山

トトロの舞台のモデルとなった里山

八国山

はちこくやま

狭山丘陵のなだらかな尾根道

狭山丘陵の東端に位置し、都立八国山緑地として整備されている。東西に長く延びる尾根道は、東京都と埼玉県の県境でもある。西武園駅から尾根道を歩いて将軍塚まで行ったら、今度は引き返して、アップダウンのある小道でつながれた緑地を自由に歩いてみよう。日当たりのよい広場もあるので、お弁当を広げるのもいい。

八国山に来たらぜひ立ち寄ってほしいのが、麓の「北山公園」。「ころころ広場」から西武園線の線路を渡った先、北山小学校の隣にある市立公園だ。毎年6月上旬には300種10万本の花菖蒲が咲く。公園から眺める八国山の姿は、この界隈で一番のフォトスポット。

なだらかな尾根道。木漏れ日とマイナスイオンを浴びてリフレッシュしよう

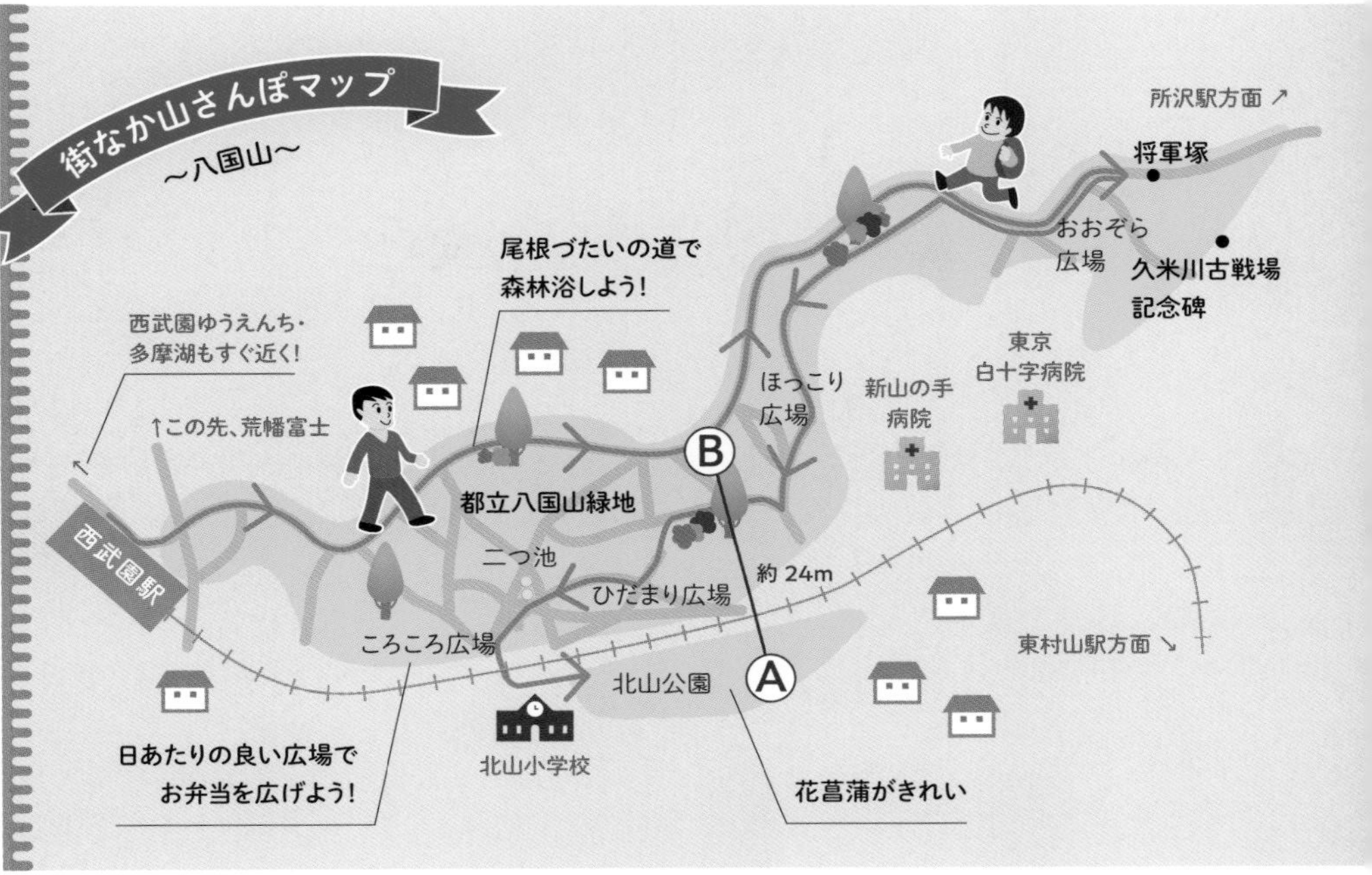

こぼれ話

ここに注目!

アニメ映画『となりのトトロ』の舞台

※市民の募金で
山林を購入する
自然保護運動

『となりのトトロ』は昭和 30 年代の狭山丘陵を舞台にしていると言われている。サツキとメイのお母さんが入院していたのは“七国山病院”だが、その七国山のモデルとなったのが、ここ八国山。周辺の雑木林では「トトロのふるさと基金」という名称のナショナル・トラスト運動(※)が行われている。

ここに注目!

史跡

鎌倉時代の古戦場跡

「八国山」の名は、かつて頂上から上野、下野、常陸、安房、相模、駿河、信濃、甲斐の山々が見渡せたことが由来。鎌倉時代、新田義貞が討幕の際に逗留し、塚に旗を立てた場所と伝わるのが「将軍塚」。近くには新田義貞と鎌倉幕府軍の戦場となった「久米川古戦場跡」もある。

Data

難易度:★★

24m

60 分

東京都東村山市
諏訪町・多摩湖町

西武鉄道西武園線
「西武園」駅徒歩 5 分

住宅や道路がそばに迫るため、山全体を撮影することは難しい。写真は山の一部

街なかの山

武蔵野台地にぽっかり浮かぶ

浅間山

せんげんやま

三つの峰から成る堂々たる山容

武蔵野台地の平野部に浮かぶ島のような山。これは築山ではなく、古多摩《こたま》川《がわ》(今の流路に定まる前の多摩川)などによって台地が削られる中、小高い丘として残ったものだ。「前山」「中山」「堂山」の3つの峰に分かれ、起伏に富んだ地形となっている。最も標高の高い堂山の山頂と、周辺の平坦地との高低差は30mほどある。

男坂(石段)を上った先、堂山山頂には浅間神社が祀られている。ハイキング気分を味わいたいなら、前山と中山の尾根道を歩き、女坂から行くのがおすすめ。5月には浅間山にしかない「ムサシノキスゲ」という貴重な花が咲く。

コナラ、シデなどの雑木林の尾根道

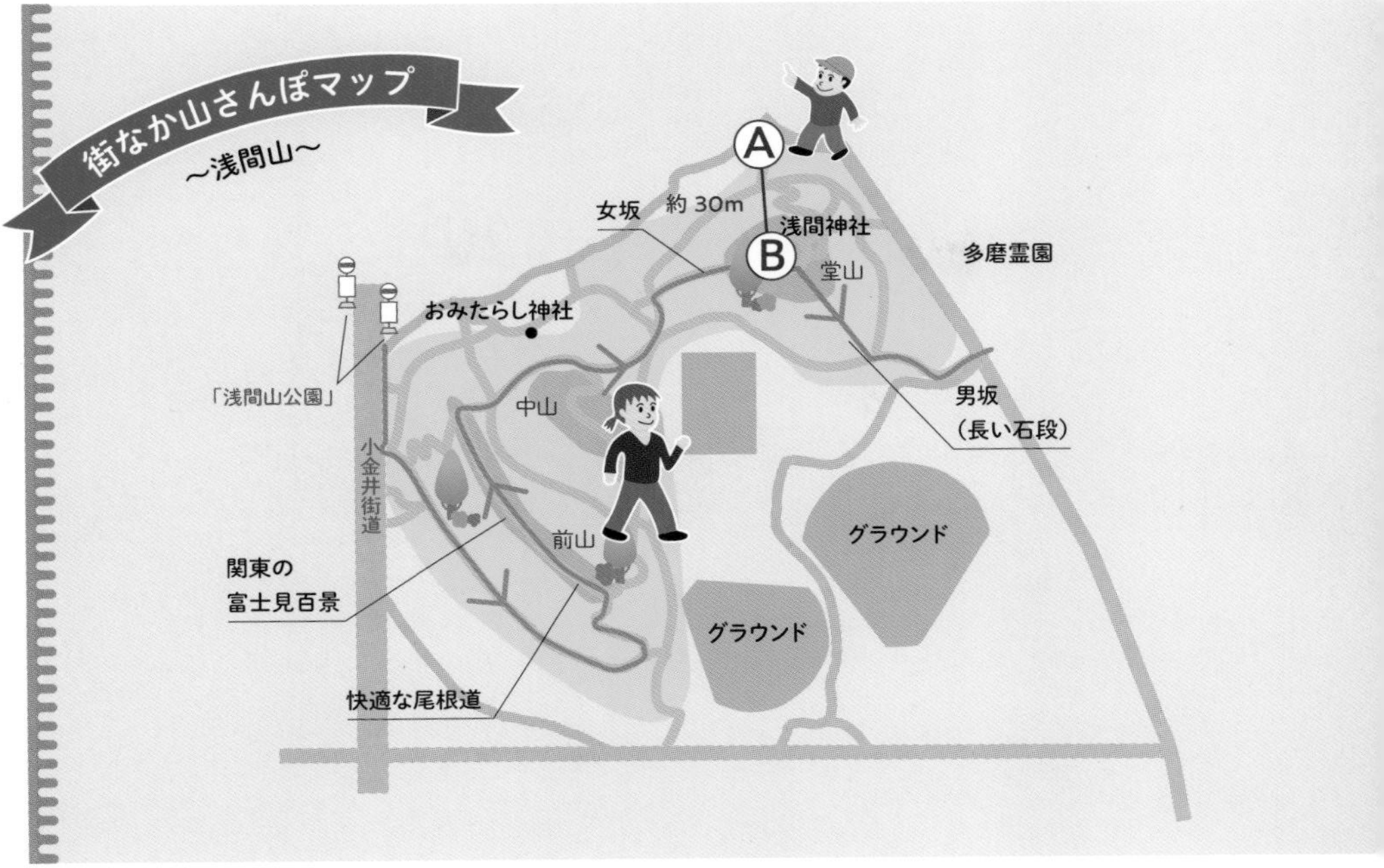

寺社

ここに注目！

ここも富士信仰の山

山の名前の由来となったのが、堂山にある浅間神社。富士信仰の神社として各地にあり、ここもその一つだ。鳥居や小さな石《せき》祠《し》が鎮座している。そばには標高を示す三角点も。周囲は木が茂り、方角的にもここから富士山を望むことはできないが、前山には「関東の富士見百景」に選ばれたビューポイントがある。

ここに注目！

Data

難易度：★★

- 30m
- 30分
- 東京都府中市浅間町・若松町
- バス停「浅間山公園」すぐ

こぼれ話

浅間山に降った雨水の湧水

中山の北斜面にある「おみたらし神社」の祠から、わずかに地面を湿らせる程度の湧水が流れている。府中に伝わる昔話では、ここに大蛇が住んでいたといわれる。

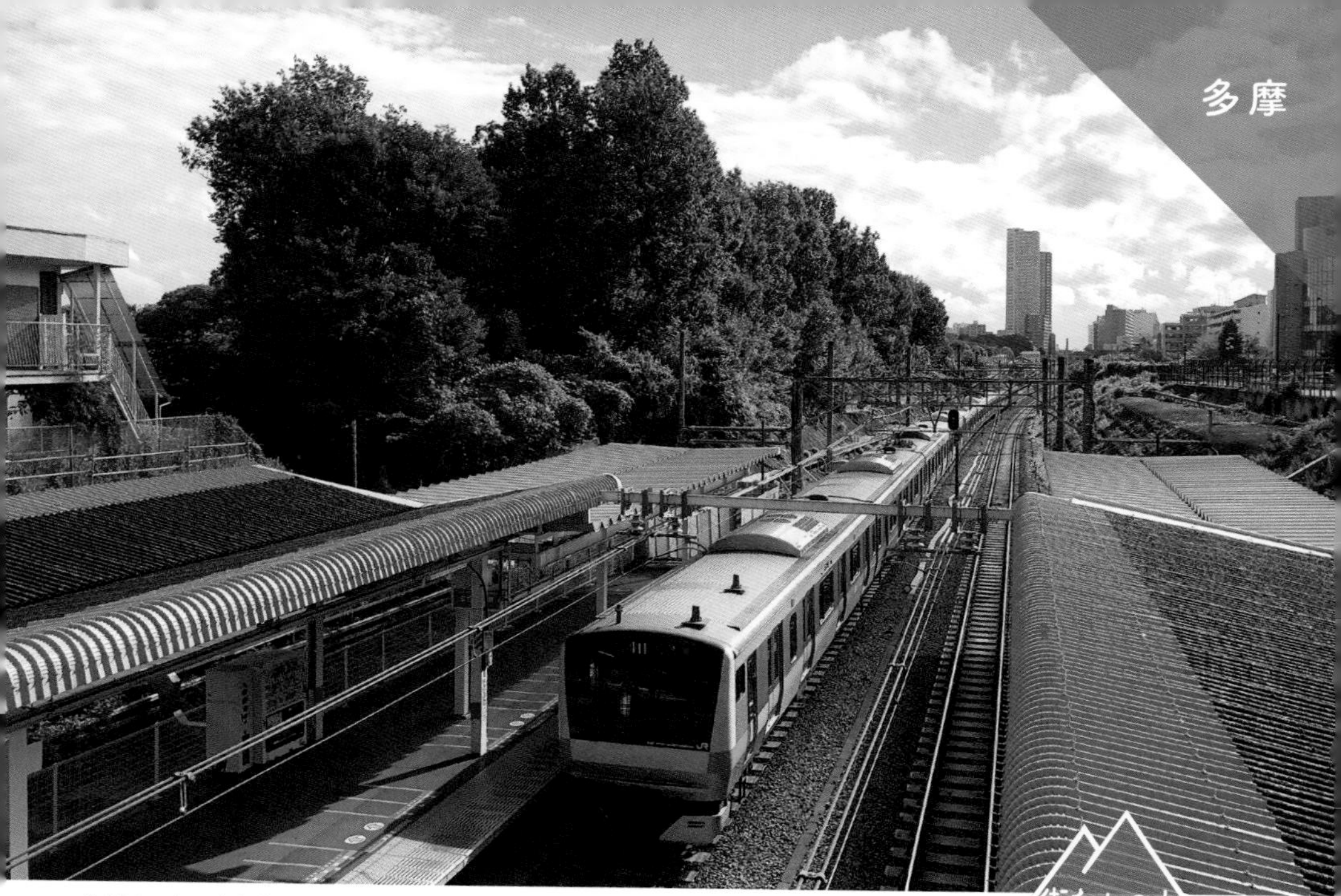

分刻みで走る中央線の脇、こんもりと木が繁る小高い丘が日影山

街なかの山

駅近なのに豊かな自然

日影山

ひかげやま

池とその周辺を整備し 武蔵野の里山を復活

JR中央線西国分寺駅のホームから〝登山道〟入口が見えるという、まさに「街なか」の山だ。線路沿いの東西に、細長く小高い丘になっている。

鳥のさえずりと電車の音を聞きながら、雑木林の中の園路を歩いてみよう。コース後半は山を下りて、姿見の池へ。この池はかつて付近の湧水や恋《こい》ヶ《が》窪《くぼ》用水が流れ込み清水を湛えていたが、昭和40年代に埋め立てられた。だが、環境庁と東京都の補助を受け、平成11年度に東京都指定の保全地域として、周辺の日影山や用水路などと合わせて整備され、かつての武蔵野の里山の姿が取り戻されたという。

林の中は意外とワイルド。園路にもゆるやかなアップダウンがある

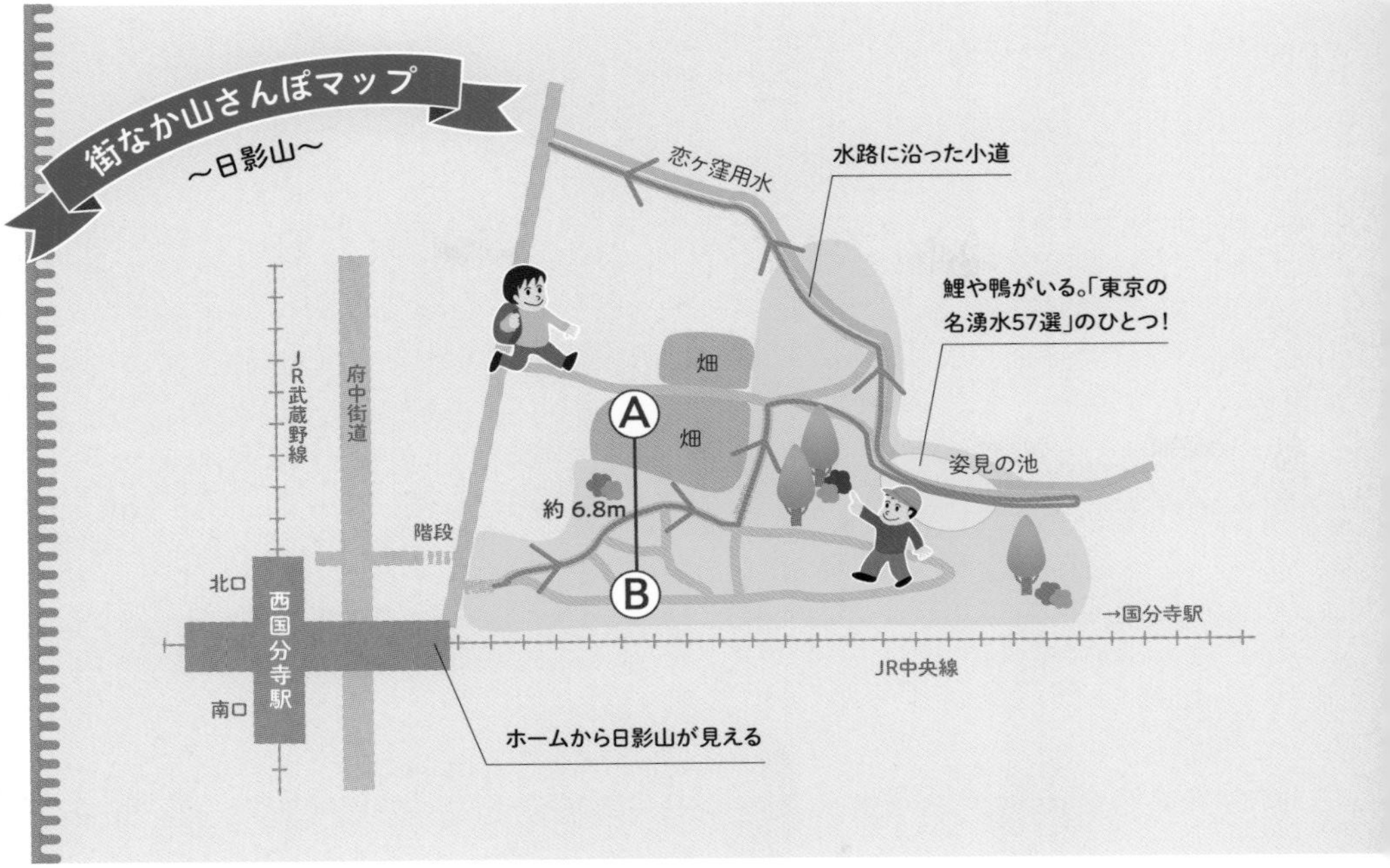

こぼれ話

ここに注目！

いにしえの伝説が残る池

「姿見の池」の名は鎌倉時代、付近の宿場町の遊女たちが自らの姿を映していたことに由来する。遊女の夙妻《あさづま》太夫《だゆう》に思いを寄せる男が、坂東武者の畠山重忠との仲を裂こうと「重忠は戦死した」と嘘を告げると、夙妻太夫は悲しみにくれて姿見の池に身を投げたという伝説も残る。

ここに注目！

かつての清流が復活

癒し

「恋ヶ窪用水」は明暦 3 年（1657）、玉川上水から分水して作られた用水。付近の湧水も注いでいた。その後、用水のほとんどが埋め立てられ、ここも汚水が流れていたが、保全事業の一環として昔の姿をイメージして復元された。

Data

難易度：★

- 6.8m
- 15 分
- 東京都国分寺市 西恋ヶ窪 1-8-7
- JR「西国分寺」駅 徒歩 2 分

「とんぼの広場」から見た「大松山」。奥にも「谷戸の丘」「富士美の丘」などが続く

里山

明治天皇が兎狩りに訪れた山

大松山

おおまつやま

雑木林の散策路から記念館の建つ山頂へ

かつてアカマツの大木が何本もあったため「大松山」の名がついた。山を中心に広がる起伏のある丘が「都立桜ヶ丘公園」となっている。山頂に建つのが旧多摩聖蹟記念館（多摩市指定有形文化財）で、明治天皇が行幸した事を記念して昭和5年（1930）に建てられた。明治天皇はこの地で兎狩りや多摩川での鮎漁を天覧したという。最寄り駅「聖蹟桜ヶ丘」の名もここに由来する。

一帯はクヌギやコナラなどの雑木林に覆われ、「桜ヶ丘」の名の通りサクラの名所にもなっている。園内はいくつもの散策路があるので、自由に歩いてみよう。

「丘の上広場」の桜。花見の季節は人で賑わう

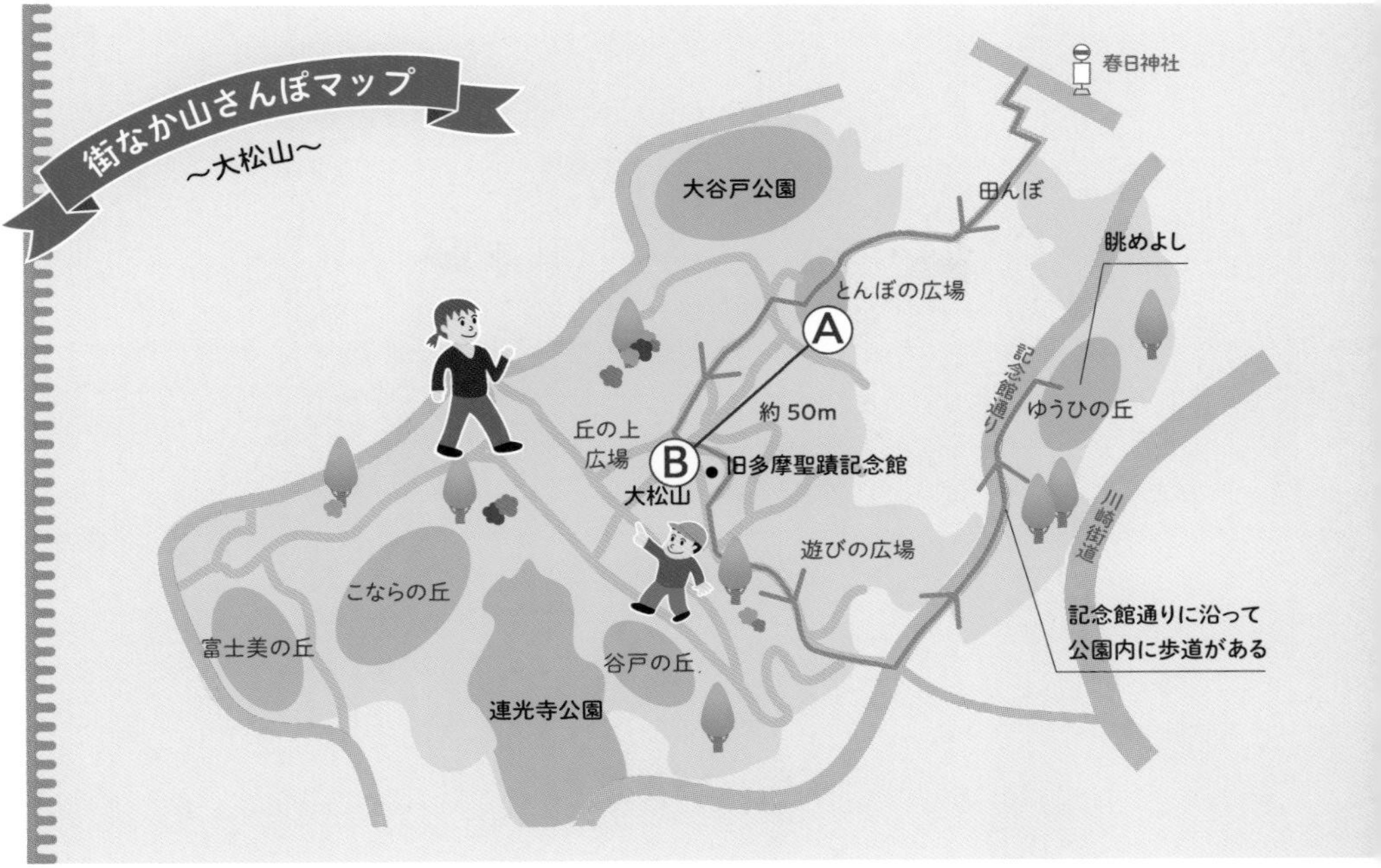

歴史

ここに注目！

モダンな造りの旧多摩聖蹟記念館

西洋の神殿のような洋風建築。設計者は日本人だが、19 世紀末から 20 世紀初頭にかけてドイツで流行した「ユーゲントシュティール」という、柔らかな曲線美を特徴とする様式の影響を受けている。館内には幕末明治に活躍した人々の書画や、多摩市周辺の様々な植物の写真等を展示している。

ここに注目！

こぼれ話

眼下に広がる町並み

大松山から「記念館通り」を隔てたところに広がる「ゆうひの丘」は、素晴らしい眺望が広がる。晴れた日には雲取山など奥多摩の山々や、秩父の武甲山なども見える。

Data

難易度：★★

50m

60 分

東京都多摩市連光寺

バス停「春日神社」より徒歩 10 分

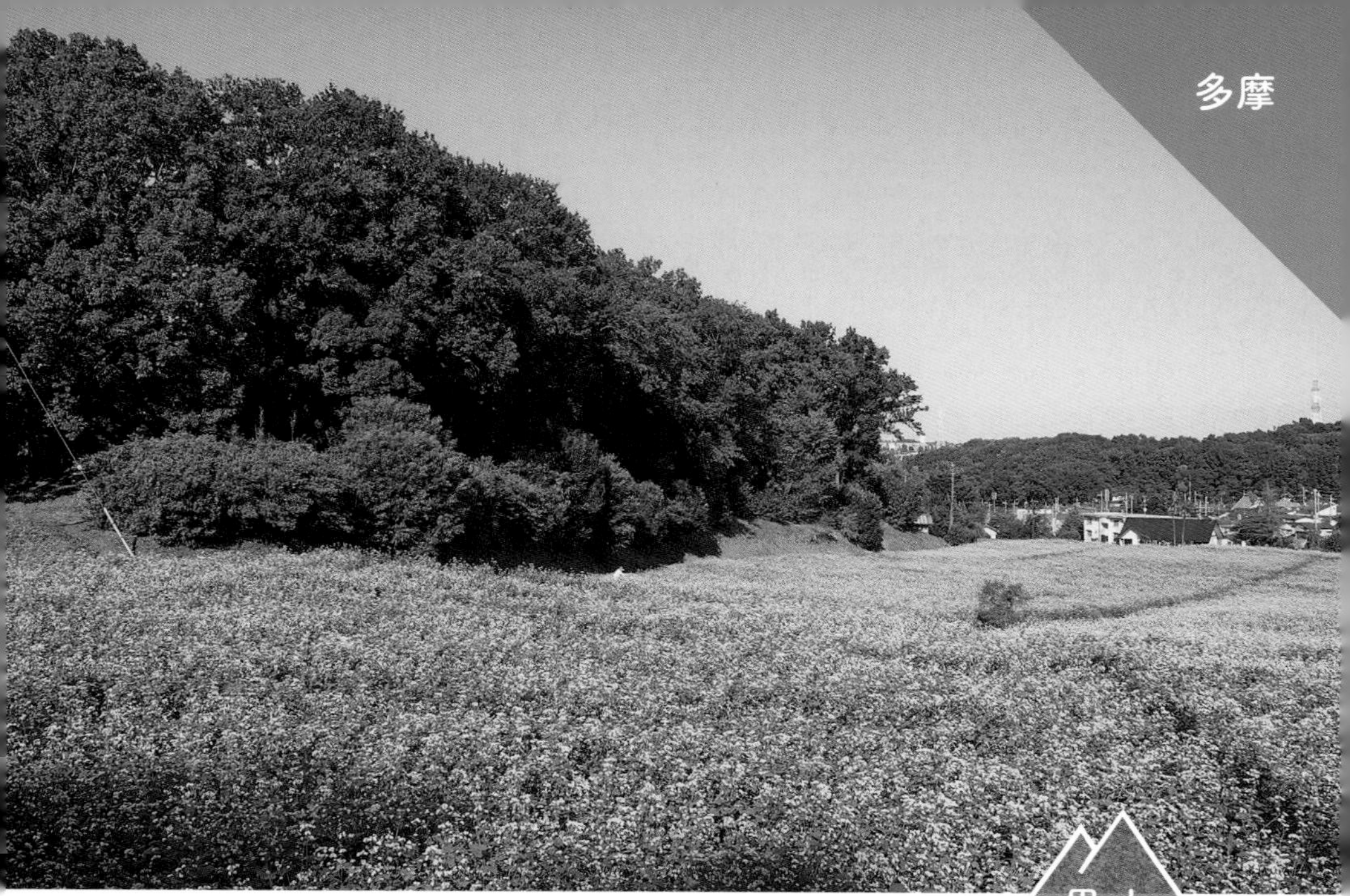

七国山周辺には美しい里山の景色が広がる

里山

七国山

鎌倉武士の蹄《ひづめ》の跡を歩く

ななくにやま

史跡に、花に、動物に…見どころ溢れるエリア

町田市のほぼ中央部にある里山。相模、甲斐、伊豆、駿河、信濃、上野《こうずけ》、下野《しもつけ》と七つの国が見渡せたためこの名がついたと言われている。標高128・6mの七国山そのものは、現在、藪が深くて立ち入りが難しいが、周辺一帯は「七国山緑地保全地域」として整備されている。保全地域を南北に貫くのが、武士が「いざ、鎌倉」と馳せ参じた鎌倉街道。雑木林に囲まれた未舗装の道で、昔の面影を残している。周辺には町田薬師池公園四季彩の杜（「ぼたん園」「ダリア園」「リス園」「薬師池」「西園」など）もあるので、子どもからお年寄りまで、一日中楽しめるエリアだ。

鎌倉街道は「鎌倉古道」として整備されている

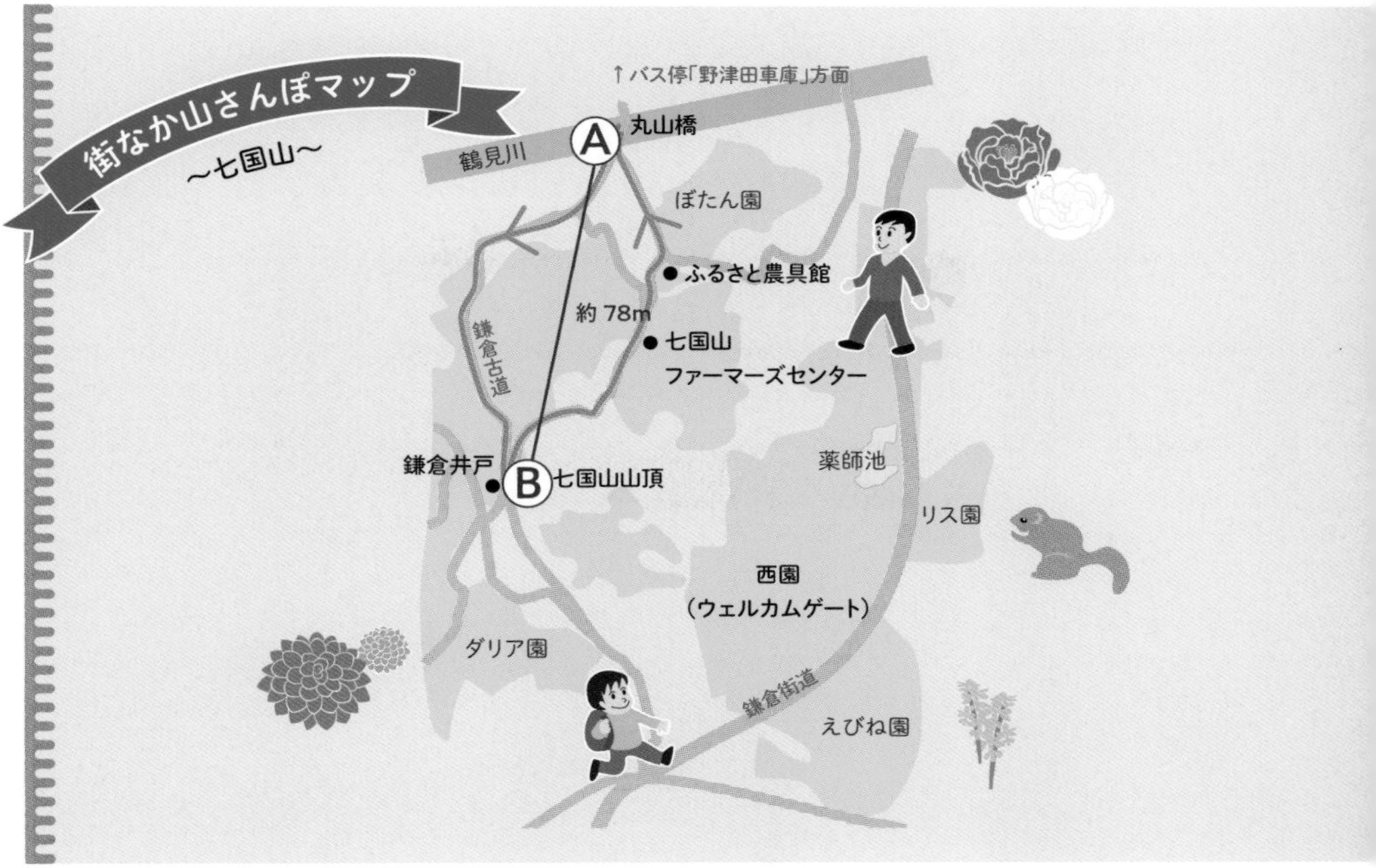

史跡

ここに注目！

「いざ鎌倉！」往時の井戸も残る

鎌倉街道には上道《かみのみち》・中道《なかのみち》・下道《しものみち》の三本の幹線道路があり、ここから多くの支道が枝分かれしていた。七国山を通るのは鎌倉から町田、府中、所沢を通り高崎へとつながる上道。道沿いに残る「鎌倉井戸」は、新田義貞が鎌倉攻めの途中、ここに井戸を掘り、軍馬に水を与えたと語り伝えられている。

ここに注目！

こぼれ話

町田市ふるさと農具館

町田の農業を後世に継承するため、また市民に農業への理解を深めてもらうことを目的に設置された。昔の農機具や生活道具、農業をテーマとしたパネルや写真を展示、体験学習館もある。

Data

難易度：★★

- 78m
- 50 分
- 東京都町田市山崎町・野津田町
- バス停「野津田車庫」より徒歩 5 分

谷戸に沿って耕された「岸田んぼ」。奥の山が展望台方面

里山

街なかに浮かぶ緑の島・狭山丘陵

六道山《ろくどうやま》

丘陵地の広大な公園 里山の景色が広がる

狭山丘陵の西端に位置し、一帯は「都立野山北・六道山公園」として整備されている。雑木林と谷戸（丘陵地が浸食されて形成された谷状の地形）の組み合わせによって豊かな自然が残されており、カタクリの群生地やホタルの生息地もある。

ＪＲ箱根ヶ崎駅から徒歩15分、お伊勢山遊歩道を登り、六道山の展望台へ。

瑞穂町立文化の森・六道山公園展望台の高さは13 m。ここからの眺望は「関東の富士見百景」に選ばれている

天気の良い日には、富士山、秩父連山、新宿の高層ビル群などが見渡せるだろう。山を一旦下りて、岸田んぼや里山民家にもぜひ立ち寄ってみたい。再び尾根道に戻り、森林浴。最後は「かたくりの湯」で汗を流そう。

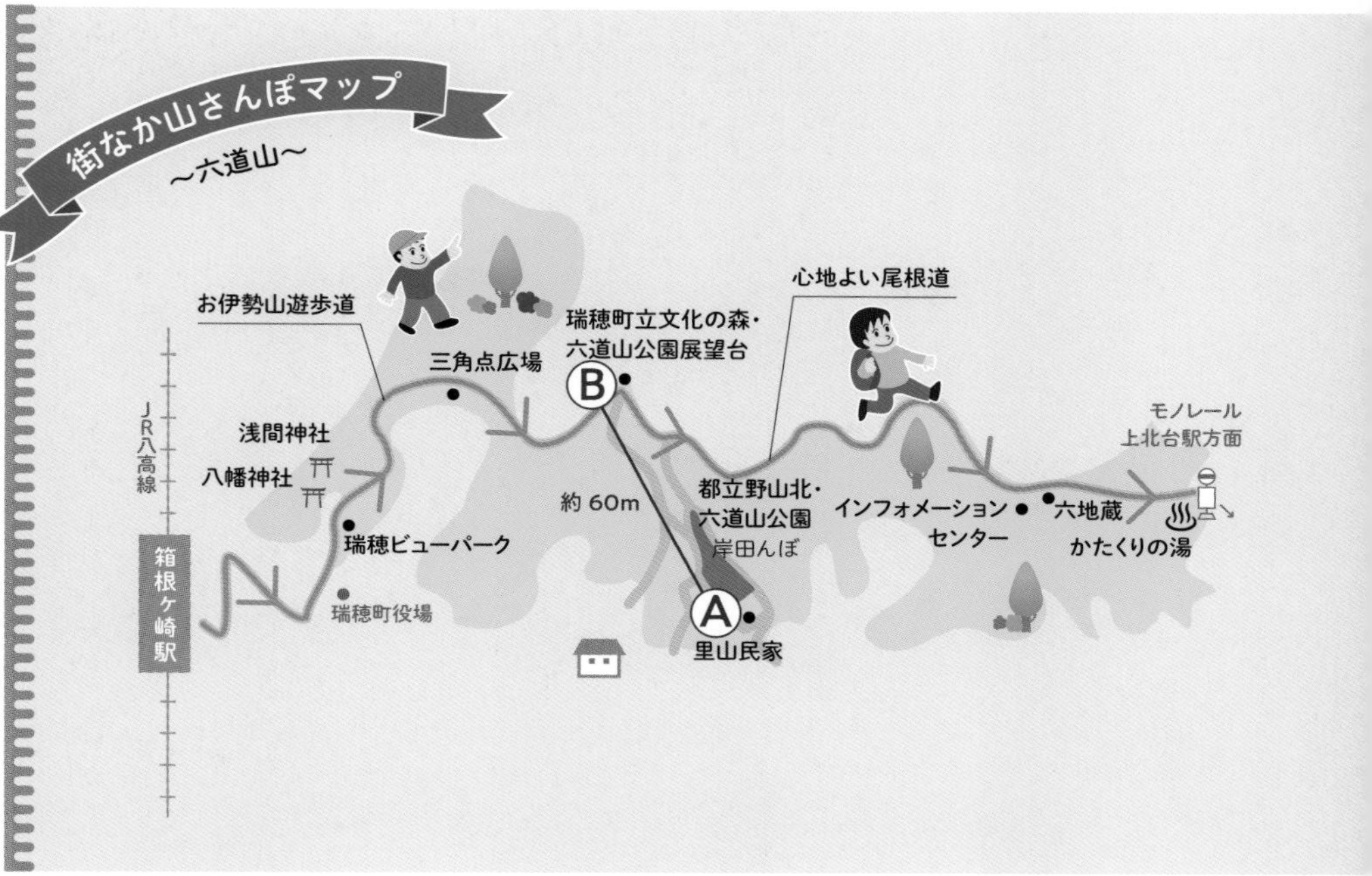

体験

ここに注目！

里山民家で昔の暮らしを体験

岸田んぼの入口に建つ茅葺屋根の里山民家は、この地域にあった江戸時代建築の民家を忠実に再現・新築した施設で、2000 年にオープンした。母屋の他、蔵、作業小屋、納屋なども再現。自然観察会、竹細工、稲刈りなど里山の体験ができる各種のイベントが頻繁に開催されている。

ここに注目！

癒し

ゴールはやっぱり温泉！

「かたくりの湯」は武蔵村山市営の温泉施設。地下 1,500m より汲み上げた天然温泉で、和風・洋風風呂やプール、レストラン、リラクゼーションなどを備える。

Data

難易度：★★★

60m

120 分

東京都瑞穂町・武蔵村山市

JR「箱根ヶ崎」駅
徒歩 15 分

多摩川方面から見た滝山公園の丘陵

里山

滝山城址

たきやまじょうし

武田軍の猛攻に堪えた城

眼下に多摩川の流れを見下ろす名城

多摩川と秋川の合流地点の南側に広がる加住《かすみ》丘陵にあり、川沿いの絶壁を利用した平山城。16世紀前半に武蔵国守護代・大石定重によって築かれたと伝えられる。北条氏照が城主であった時代に大改修を施し、武田信玄が2万の軍勢で侵攻した際も2千の兵力で見事に持ちこたえた。氏照はその後、八王子城を築いて本拠を移し、廃城となった。現在も本丸、二の丸、中の丸、空堀などの城の遺構を見ることができる。特に規模の大きな空堀は見どころだ。

現在、城跡の大部分は都立滝山公園となっており、4月中旬には数千本の桜が山全体を染める。

山の上から多摩川の流れを見る

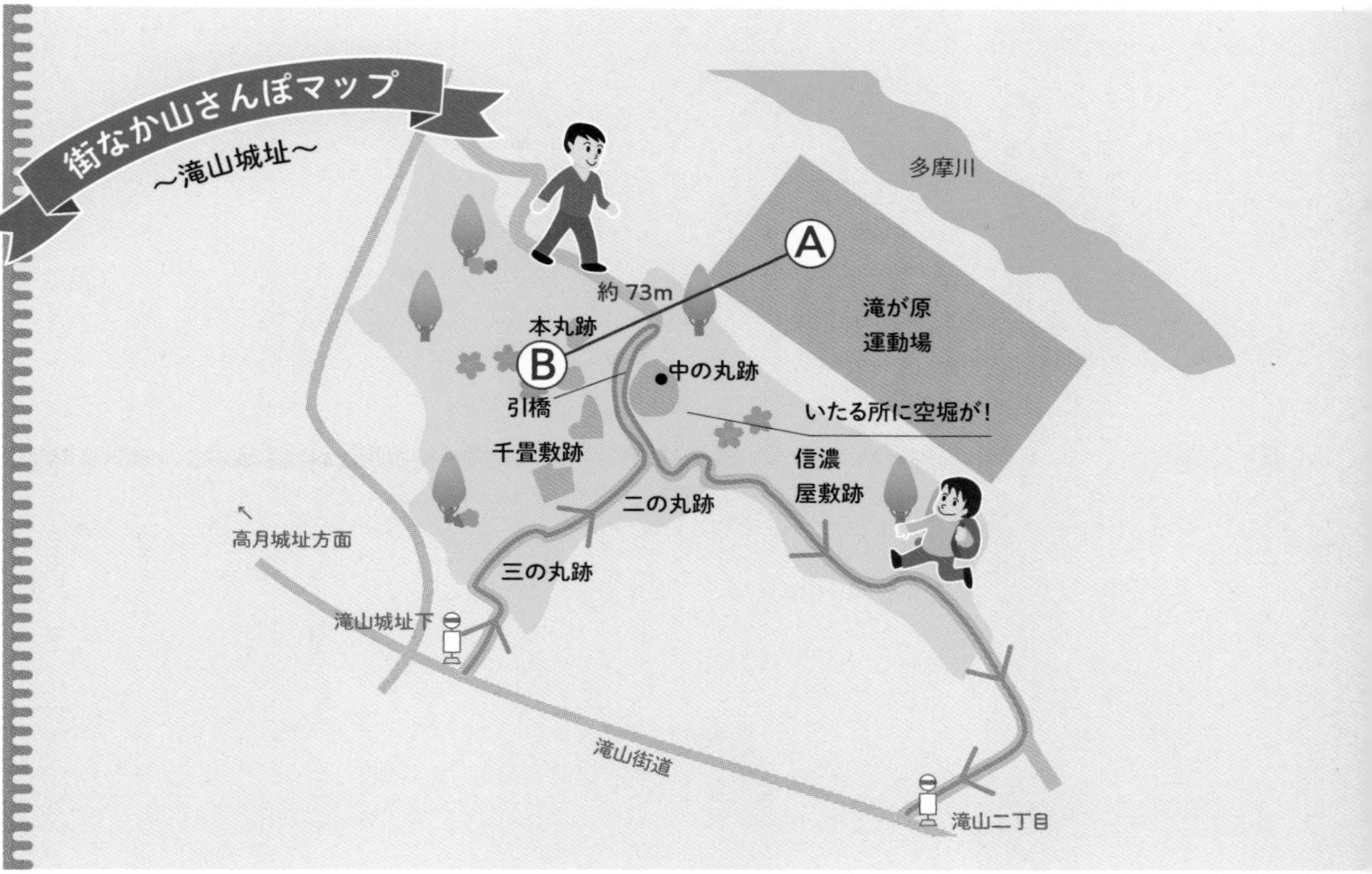

ここに注目！

史跡

足を延ばして丘陵を歩こう

「都立滝山公園」は、さらに広域にわたる「都立滝山自然公園」の中にある。その名のとおり自然豊かな丘陵地で、歴史ファンのみならず自然観察やウォーキングなどの運動を目的とする人も多い。自然公園内には滝山城址から1kmほど離れたところに「高月城址」もある。

ここに注目！

史跡

木製の引橋《ひきばし》

「本丸」の南東入口と「中の丸」の間には大きな空堀が作られており、復元された木製の「引橋」が架かっている。戦時にはこの橋を引き落として敵の侵入を防いだという。

Data

難易度：★★

- 73m
- 60分
- 東京都八王子市 高月町・丹木町
- バス停「滝山城址下」すぐ

多摩

小宮公園北端の尾根。広い草地が広がる

里山

ひよどり山

せせらぎと野鳥の声に耳を澄ます

ひよどりやま

木道を歩きながら森林浴を満喫

JR八王子駅に降り立ち、ペデストリアンデッキから真北の方角を向けば、視線の先には緑の丘。加住丘陵にある通称「ひよどり山」で、一部は「都立小宮公園」として市民に開かれている。駅からは北へ向かって真っ直ぐ1・5kmなので歩いてもいいし、バスも出ている。

駅前の賑わいとは一変し、園内はコナラ、クヌギなどの雑木林に覆われている。谷には湧水が流れており、木道を歩いて散策することができる。散策路は「こげらの小道」「うぐいすの小道」などの名称がつけられており、あちらこちらから野鳥のさえずりが聞こえる。

鳥のさえずりが聞こえる木道を歩く

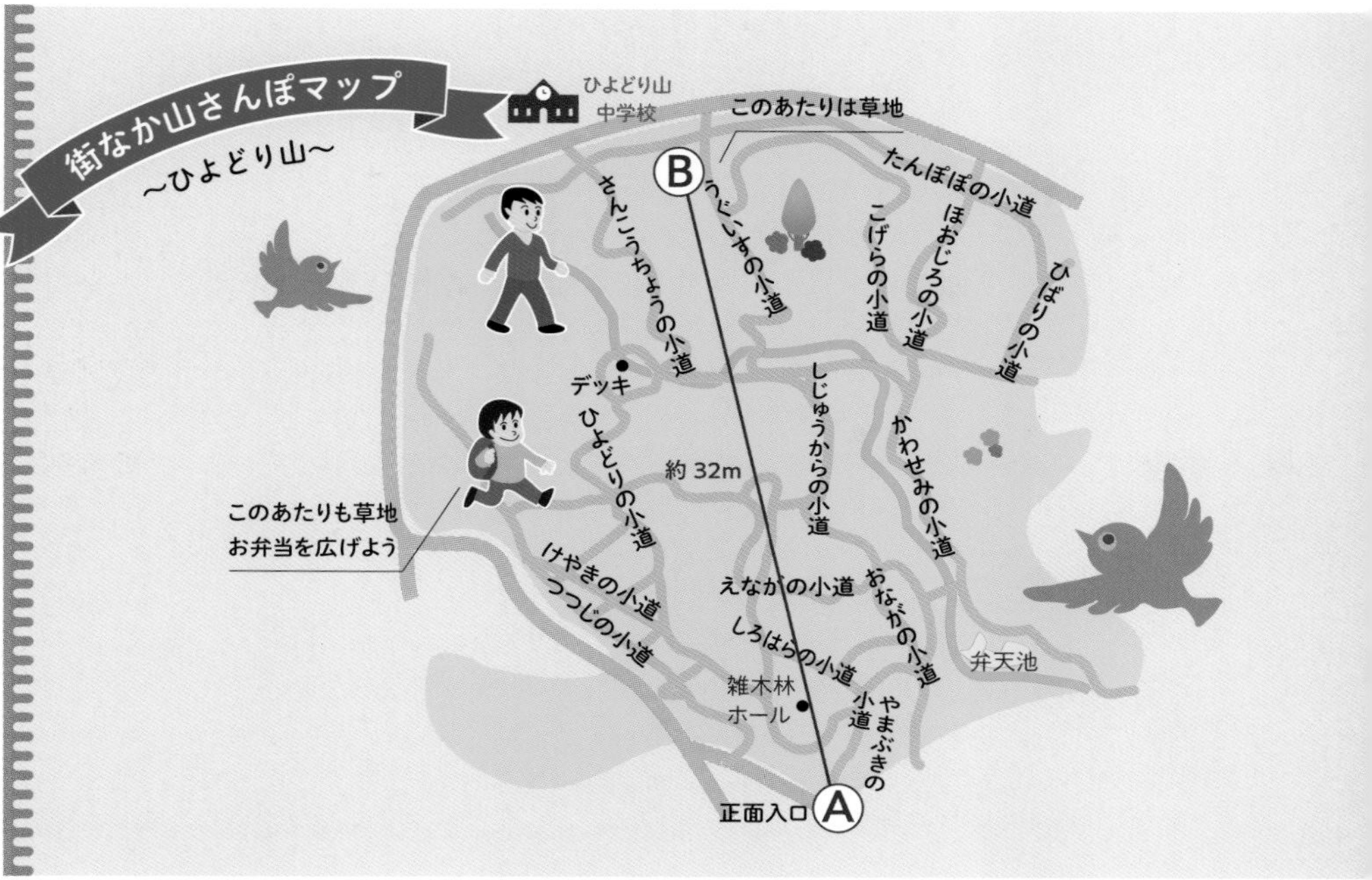

史跡

ここに注目！

※幕府天領であった八王子に配置された譜代旗本とその配下の武士

飢饉を救った弁天池

天明の飢饉(1782 年) の際、この地を治めていた八王子千人同心(※) 頭の萩原氏は、飢饉の惨状を見てここに池を掘り、弁財天を祀ったと言われている。現在でも園内の崖の中腹からの湧水がこの池に流れ込んでいる。

ここに注目！

こぼれ話

公園の自然を知る

「雑木林ホール」では、公園を彩る四季折々の自然についての写真やパネルなどを展示。野鳥観察コーナーもある。どんな生き物に出合えるのか、散策の前にぜひ立ち寄りたい。

Data

- 難易度：★★
- 32m
- 60 分
- 東京都八王子市 大谷町・暁町
- JR「八王子」駅徒歩 25 分

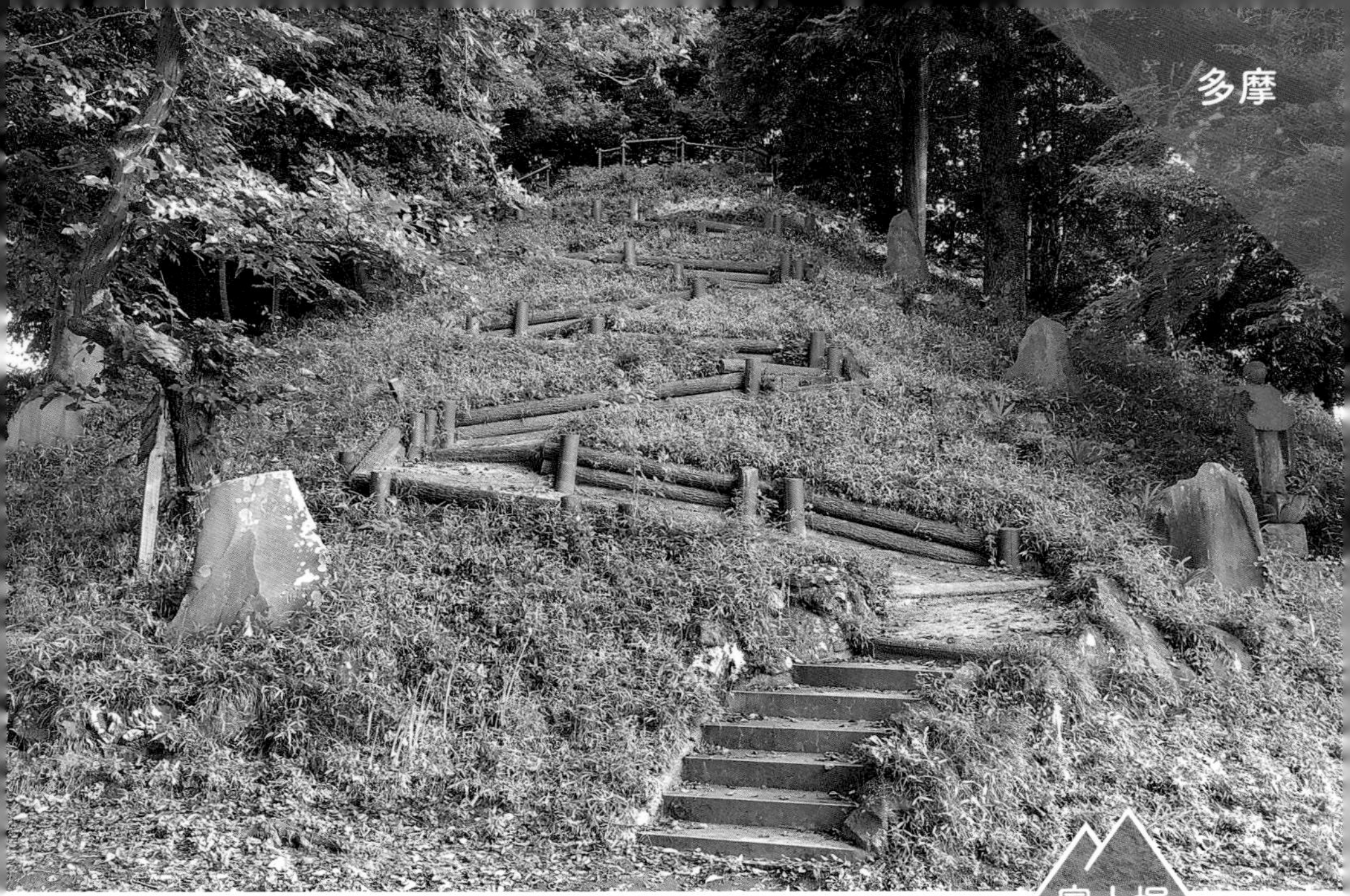

多くの石碑が建つ登山道。コンクリートで整備されており、登りやすい

富士塚

行事と共に守り伝えられてきた

中里の富士塚《なかざとのふじづか》

江戸時代の富士信仰を今に伝える富士塚

こんもりとした木々に囲まれた大きな富士塚。頂上の石祠に文政8年（1825）とあることから、その頃の築造と思われる。明治7年に2mほどかさ上げされ、周囲からの高さは約9mとなっている。

つづら折りの登山道には一合目から九号目までを記した合目石や、富士信仰に関係する様々な石碑が建てられている。現在でも富士講によって山開き、富士登拝、中里の火の花祭、星祭などの講行事が継続されており、富士塚が東京都有形民俗文化財に、火の花祭が東京都無形民俗文化財に指定されるなど、江戸の富士信仰の歴史を今に伝える貴重な富士塚である。

住宅地の真ん中、こんもりとした木々に囲まれた敷地内に造られている

行事

ここに注目！

幻想的な伝統行事

毎年９月１日に行われる「中里の火の花祭」は、火伏せや無病息災などを祈願する祭事。富士講の講員たちが経文を唱えた後、藁を円錐状に積み上げた高さ２ｍほどの大きな松明に火がつけられる。その火にあたり、灰を家に持ち帰って門口にまくと火災除けや魔除けになると伝えられている。

ここに注目！

史跡

ここにも富士信仰のしるし

正面向かって右側の山裾に、御胎内巡り(※) を模した風穴が掘られている。現在は安全上の問題で、鉄板で蓋がされている。

※江戸時代の富士信仰で行われていた参拝方法。富士山の麓にある洞窟をめぐって“生まれ変わり”を疑似体験し、身を清めてから富士山へ登拝した

Data

難易度：★

9m

3分

東京都清瀬市
中里 3-991-1

バス停「中里４丁目」より
徒歩３分

超低山めぐり　楽しみ方のコツ②

地形を知る

超低山を登るにあたり、ぜひとも把握しておきたいのが周辺の地形。地形を知れば、一つの山だけでなく近隣の山も連鎖的につながって見えてくる。

地形を知れば、世界が広がる

例えば「上野のお山」（P24）は、実は「道灌山」（P28）や「飛鳥山」（P30）と同じ台地でつながっていて、その台地の崖下を京浜東北線がなぞるように走っていることがわかる。いわばこれらの山々は兄弟の関係なのだ。あるいは「羽沢台」（P68）と「多摩川浅間神社」（P110）は、通称「ハケ」と呼ばれる「国分寺崖線」上にあることがわかる。

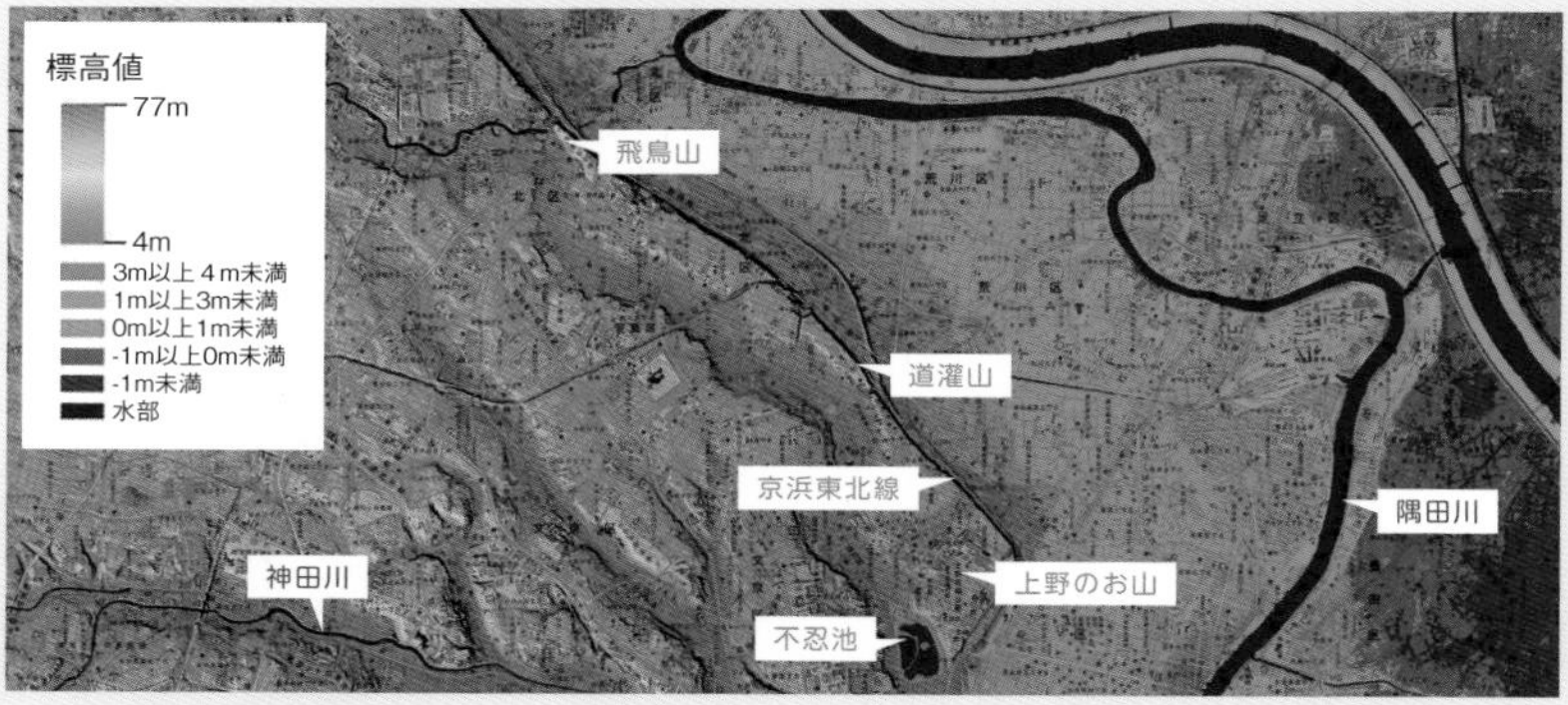

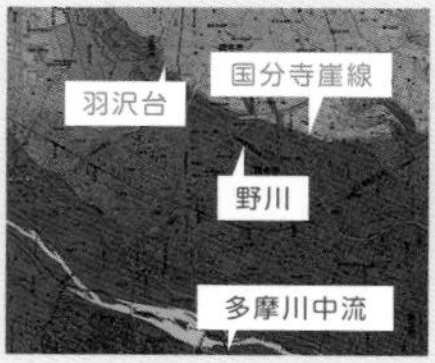

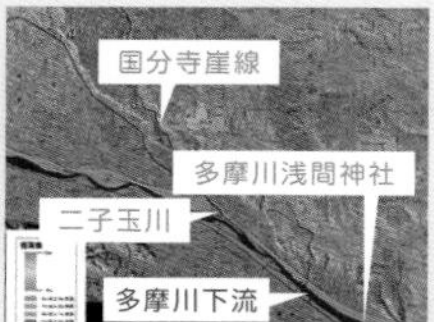

地形を知るためにおすすめなのが、国土地理院のウェブサイト「デジタル標高地形図（https://www.gsi.go.jp/kankyochiri/Laser_map.html）」。台地、低地が色分けされていて分かりやすい。もっと詳細に知りたい場合は同じく国土地理院の「地理院地図（maps.gsi.go.jp）」も参照しよう

上図の出典：国土地理院ウェブサイト（http://www.gsi.go.jp/kanto/kanto41001.html）「東京都区部 1：25,000 デジタル標高地形図」（国土地理院）を基に作成

街なか
山
さんぽ

神奈川
埼玉・千葉

清らかな川のほとりの城址、見晴らしの良い立派な富士塚、山岳信仰を伝える小山など、首都圏近郊の超低山は個性派揃い。まずは自宅に近いところから訪ねてみよう。休日には電車に乗って足を延ばしてみるのもおすすめ。

荒幡富士（P98）

住宅街の奥に見える雑木林が小机城址

里山

歴史を伝える城跡

小机城址

(小机城址市民の森)

こづくえじょうし

戦国の世を今に伝える遺構の数々

第三京浜国道とJR横浜線に挟まれるようにある小机城址は、鶴見川に突き出た丘陵上の要害。築城時期は定かではないが、文明8年(1476)から始まった長尾景春の乱で、太田道灌に攻め落とされたという。およそ4・6haのこの土地は、昔の城郭を活かす形で整備され、昭和52年(1977)に「小机城址市民の森」となった。

小机駅から住宅街を抜けた先に広がる竹林につながる階段を上がって行こう。アップダウンの激しい山道は綺麗に整備され、解説板が立っている。巨大な空堀や、土塁、本丸、二の丸など主要な遺構が、当時に近い姿で残っている。

美しい竹林の中を綺麗に舗装された階段が続いている

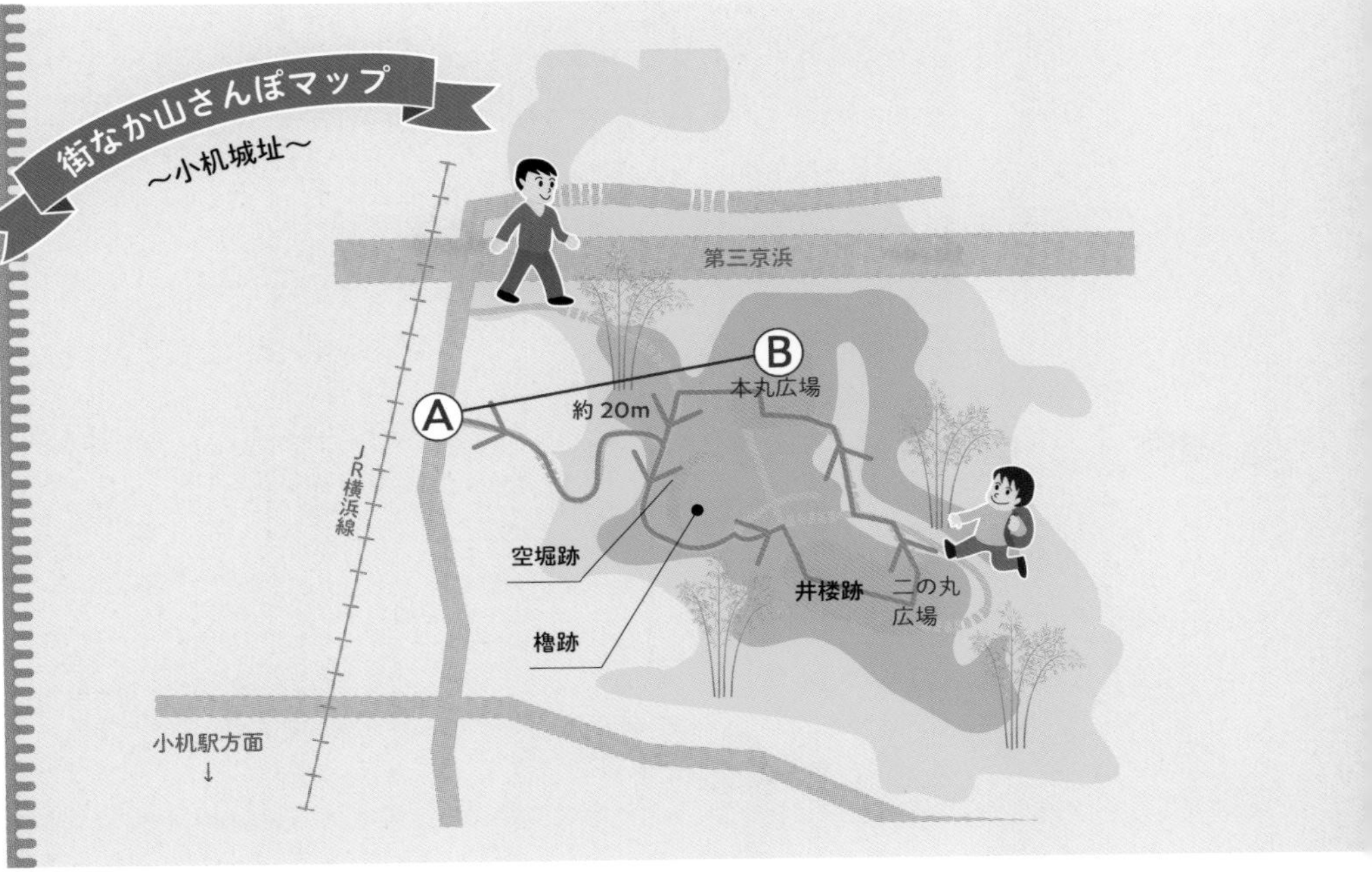

こぼれ話

ここに注目！

解説板で城を学ぼう

太田道灌により攻め落とされた後、小田原北条氏の重臣笠原越前守信為が城代となった。現在は「小机城址市民の森」として整備されており、散策コースが楽しめる。城跡の主要施設には丁寧な解説板があるので、中世の城の成り立ちについても学ぶ事もできる。

ここに注目！

史跡

当時を偲ばせる城郭跡

太田道灌が攻めた時代には、二の丸広場（東曲輪）が、小田原北条氏が城代の時代には本丸広場（西曲輪）が、本丸であったと伝わる。他にも城の守りの要、空堀や土塁なども見られる。

Data

難易度：★★

- 20m
- 30 分
- 神奈川県横浜市港北区小机町
- JR「小机」駅徒歩 10 分

神奈川

生田緑地東口。頂上の枡形山広場へは、5つのルートの山道がある

里山

枡形山

ますがたやま

保護・保全されている都市計画緑地

かつては城も築かれた自然の山

昭和16年（１９４１）に都市計画決定された都市計画緑地「生田緑地」。クヌギ・コナラを中心とした雑木林や、湿地、湧水等の貴重な自然資源が今も残り、美術館、日本民家園、伝統工芸館、かわさき宙《そら》と緑の科学館などの多くの施設を擁する。

その生田緑地にある、標高84ｍの山が枡形山だ。山頂の正方形に近い形からその山名がついたと言われ、鎌倉時代には、源頼朝の重臣・稲毛三郎重成が、枡形城を構えたと伝えられる。春には桜が咲き誇り、枡形山広場にある展望台は３６０度のパノラマが楽しめ、東京都心や多摩川を望むことができる。

およそ140万年前からの地層が蓄積されている枡形山。山道では一部の地層が観察できる

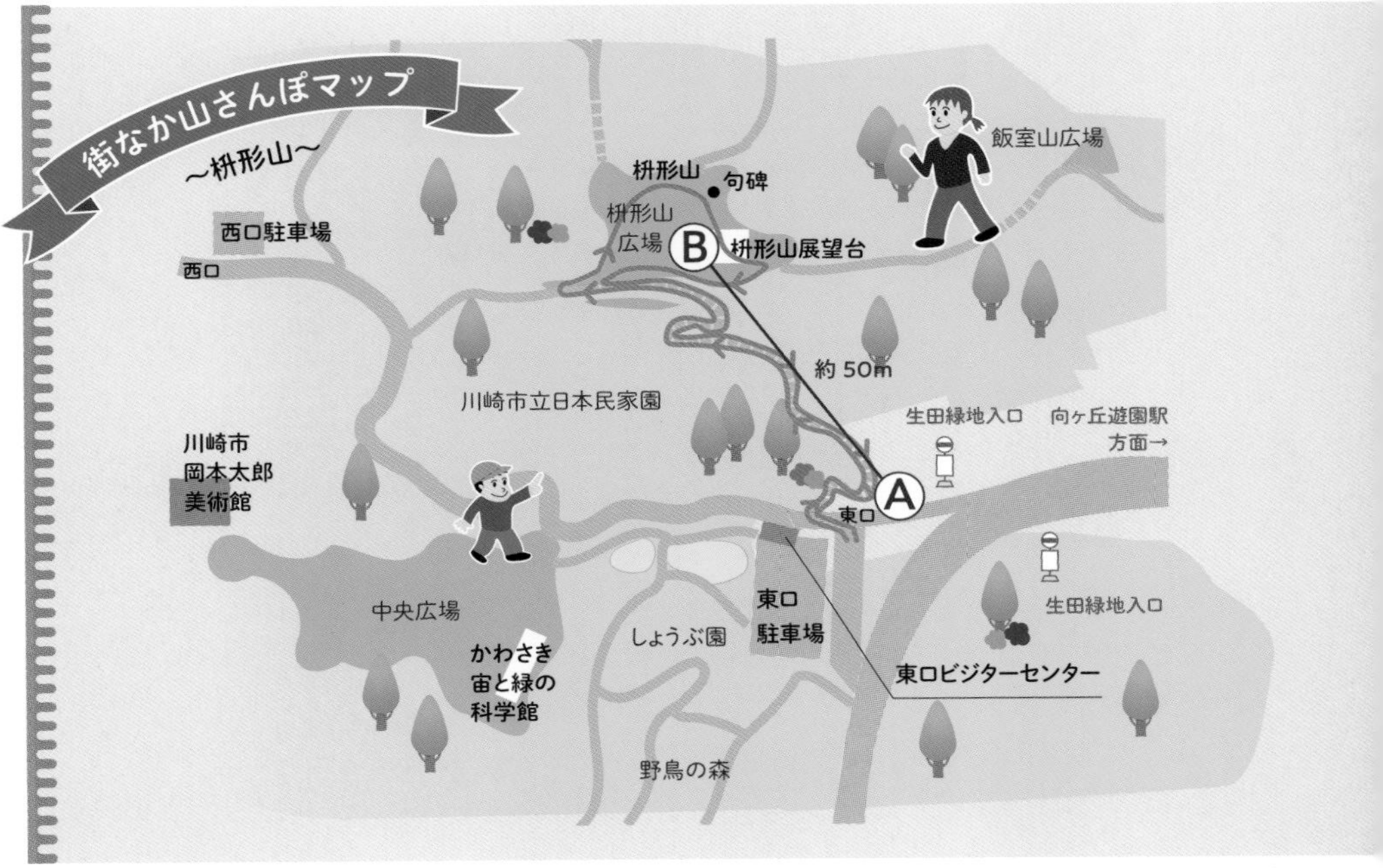

こぼれ話

ここに注目！

360度の絶景を望む展望台

春には桜の花見客でもにぎわう枡形山広場。展望台にはエレベーターが備えられ、天気が良い日には西側は富士山や丹沢山系、南側はみなとみらい、東京スカイツリーや東京タワーまで望める。自然豊かで見どころ多数の生田緑地。目的を絞って訪れるのもオススメ。

展望台開放時間　9：00~17：00

ここに注目！

史跡

地元ゆかりの記念碑

展望台広場には、川崎市出身の俳人・伊藤葦天《いてん》が、戦国時代を偲んで残した句碑や、枡形山の麓の鍛錬道場が川崎市の学童集団疎開先だったことから建てられた子どもの像がある。

Data

難易度：★★

50m

30分

神奈川県川崎市多摩区
枡形6-7 生田緑地内

小田急線「向ヶ丘遊園」駅
徒歩15分

北面は三沢川に沿って崖となっている。すぐ近くを京王相模原線が走る

里山

城の遺構を歩いてみよう

天神山

（小沢城址）

てんじんやま

武士が兵刃《へいじん》を交えた
城の遺構が随所に残る

高尾山麓から続く多摩丘陵の東側、多摩川を渡る手前の場所に位置する。「よみうりランドに隣接する」と言った方が馴染みあるかもしれない。平安末期、稲毛三郎重成がこの地に小沢城を築城したと伝わるが、定かではなく、現存する史料で最古にその名が登場するのは南北朝時代のこと。小沢城をめぐっては南北朝時代、戦国時代とたびたび戦が行われている。今なお空堀、土塁、物見台、井戸などの跡と思われる遺構が残っているので、歩いてみよう。「京王よみうりランド」駅から登る場合は、天神坂と穴澤天神社境内脇からの2ルートがある。

山麓に三沢川、北に多摩川が流れ、武蔵国府を一望できる要害の地であった

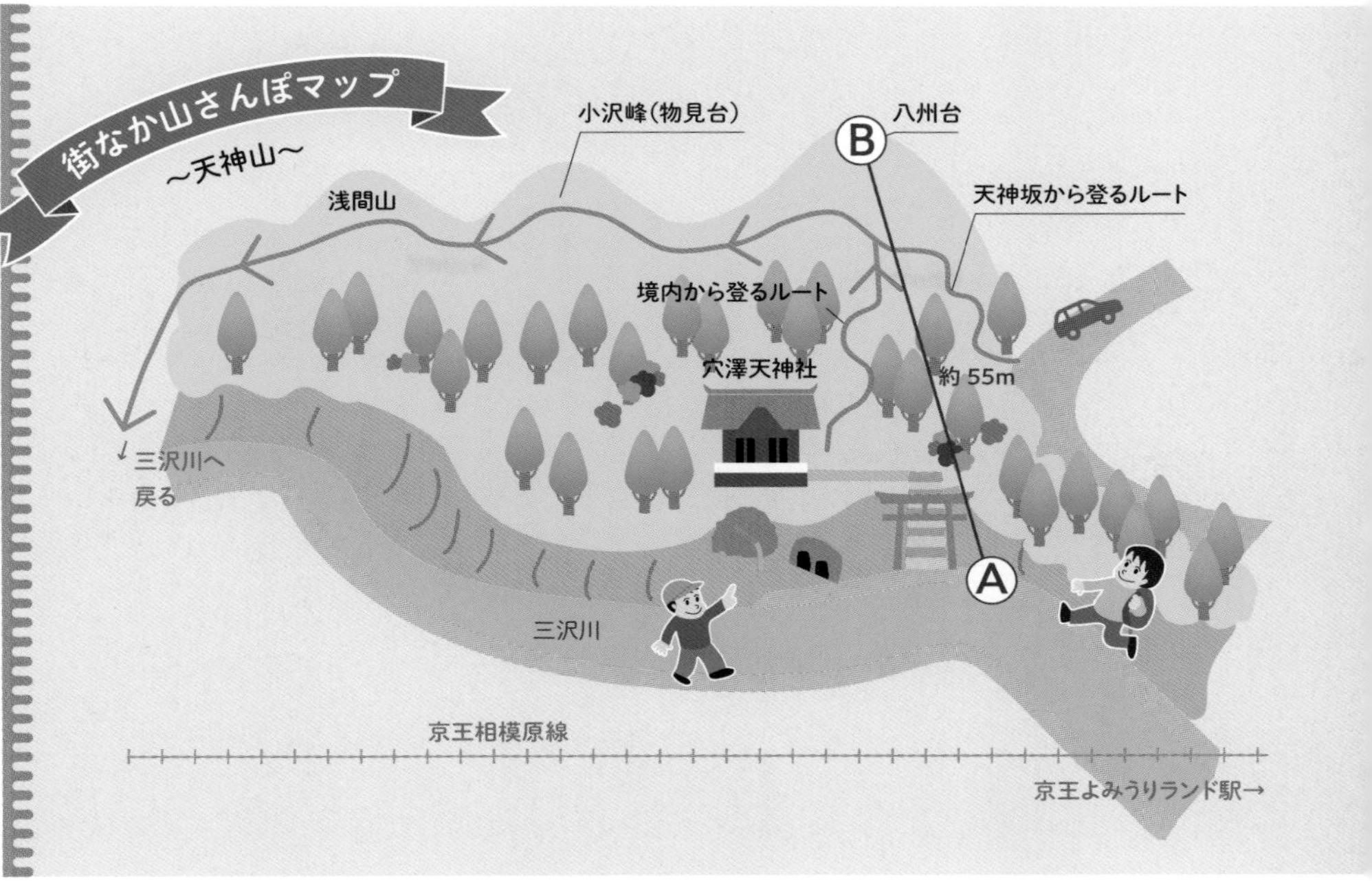

寺社

ここに注目!

崖下から名水の湧く神社

麓にある穴澤天神社は、創建が孝安天皇 4 年(紀元前 423 年)と伝わる古社。三沢川沿いの道から鳥居をくぐり、70 段ほどの石段を上ったところに佇む。境内脇にある小道は小沢城址への近道となっている。境内下の崖下にある洞窟の祠からは「東京の名湧水 57 選」に選ばれた湧水が湧き出ている。

ここに注目!

史跡

来襲に備えた物見台

小沢城には多くの遺構が残ると共に、その解説板も随所に設置されているので分かりやすい。写真は物見台の入口で、手前は空堀跡になっている。物見台は現在、樹木に覆われ、展望は良くない。

Data

難易度:★★

- 55m
- 60 分
- 東京都稲城市・神奈川県川崎市
- 京王線「京王よみうりランド」駅徒歩 10 分

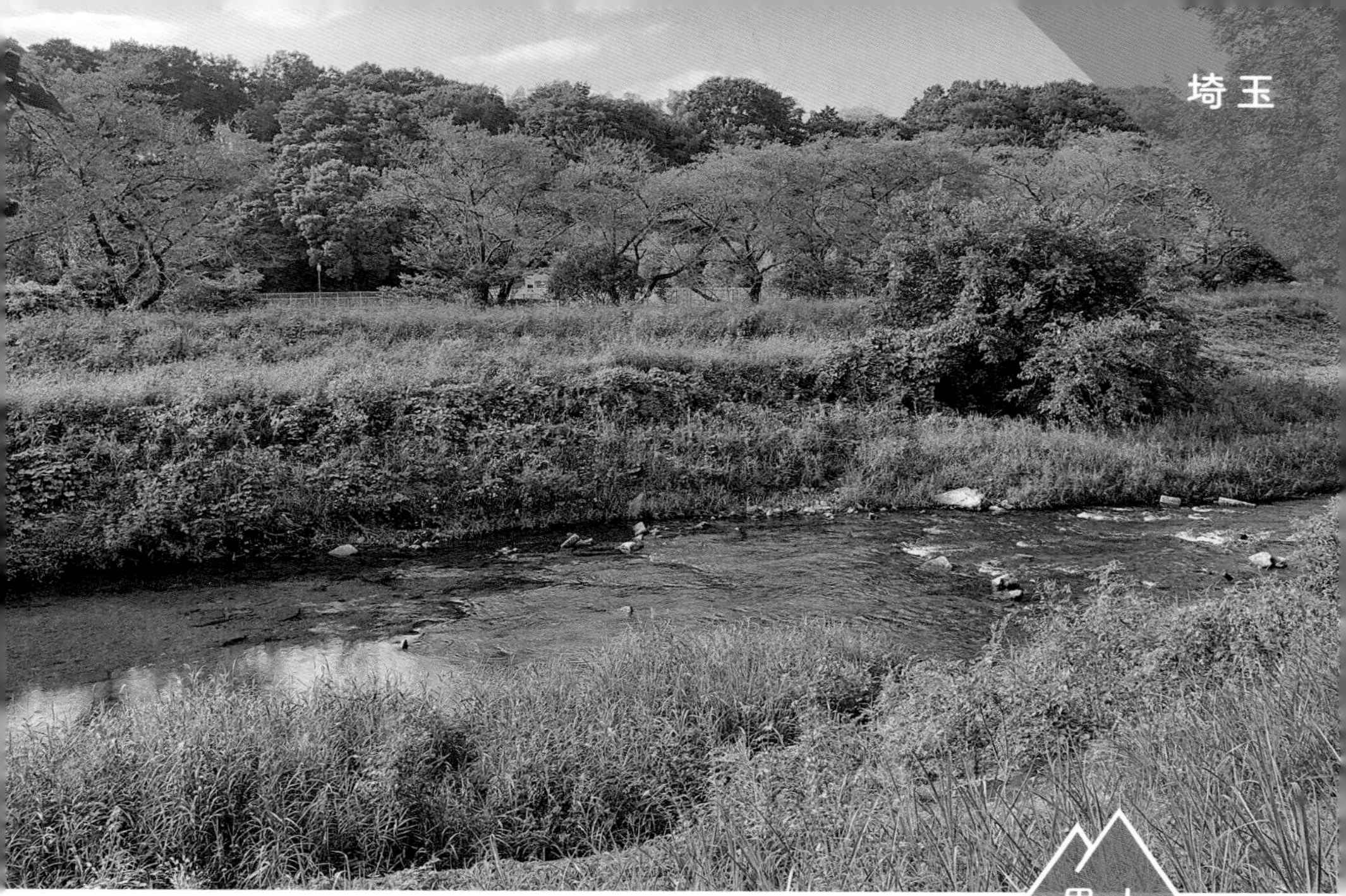

水清らかな柳瀬川。その向こうの高台の木々が滝の城址

里山

戦国の平山城

滝の城址《たきのじょうし》

城郭ファンも、鉄道ファンも楽しめる

南に流れる柳瀬川を防御線とし、丘陵の縁に築かれた平山城。築城は武蔵守護代を務めた大石氏や太田道灌など、諸説あり定かではない。その後、北条氏照の持ち城となり、滝山城（P82）の支城として河越城、岩槻城などを結ぶ重要な中継点となる。豊臣秀吉の小田原攻めの際、浅野長政勢からの攻撃を受けて落城したと言われる。

本丸をはじめ二の丸、三の丸、曲輪、空堀などの遺構が現在も残っている。本丸は現在、城山神社の境内となっており、そこから南に向かって町を見下ろせる。ＪＲ武蔵野線が高架橋を走る様子は鉄道模型のようで可愛らしい。

城山神社（本丸跡）から南を望む。JR 武蔵野線が遠くの方から走ってくる様子が見える

史跡

ここに注目！

城跡巡りが好きならぜひ

城の遺構には「三の郭」「大井戸跡」「四脚門跡」などの標札が立てられている。堀は二重三重に、複雑な形で張り巡らされており、迷路のようだ。戦国時代のもののふたちが闊歩した時代を想像しながら歩いてみると面白いだろう。

ここに注目！

史跡

Data

難易度：★★

20m

40 分

埼玉県所沢市大字城 357

バス停「城」より徒歩 3 分

数々の伝説が…

滝の城址には様々な伝説がある。「血の出る松」は落城時に討ち死にした城兵の血が地に滲み込んだため赤い樹液が出るようになったと言われていた松だが、昭和 47 年に枯れて伐採され、現在は碑が残るのみ。

埼玉

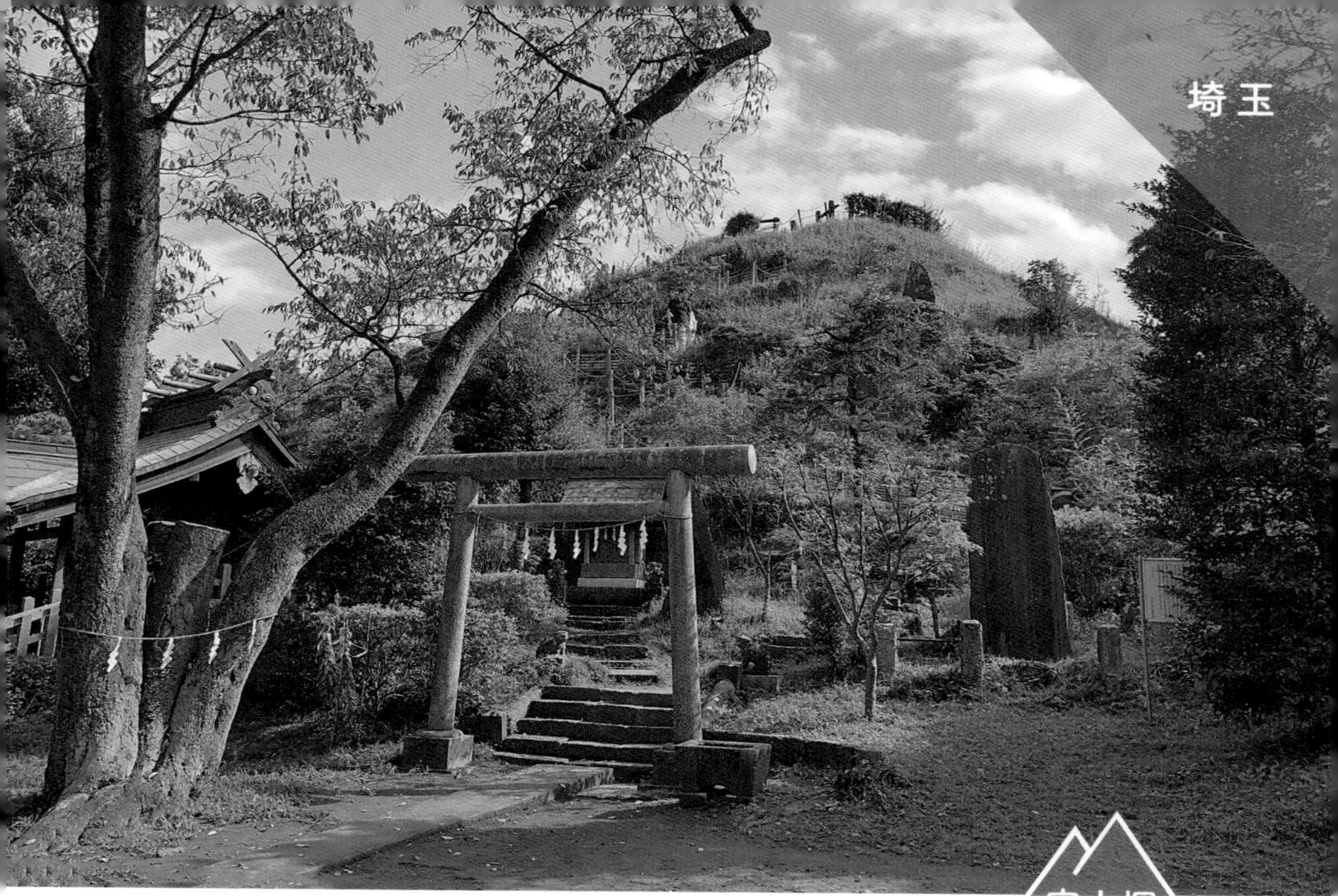

美しい円錐形をしている。麓には浅間神社が鎮座する

富士塚

荒幡富士

眺望良好！ 大きな富士塚

あらはたふじ

村民の心を一つにまとめた富士塚

麓からの高さは12m。富士塚としてはかなり大きい。鳥居をくぐり、祠に手を合わせた後は登山道へ。つづらおりの山道には1合目から10合目まで合目石が置かれている。山頂から眺めは良好で、眼下にはゴルフ場の緑、遠くに奥多摩や丹沢、富士山、新宿高層ビル群も眺められる。

明治中期、荒幡村にあった4つの神社を合祀する際に、村民の心を一つにするために荒幡富士は15年の歳月をかけて築かれたという。関東大震災では崩落し、東日本大震災時には山頂や石碑が崩壊・倒壊したが復興され、現在は特別緑地保全地区となり人々の憩いの場となっている。

山の上から下を見るとこんな感じ

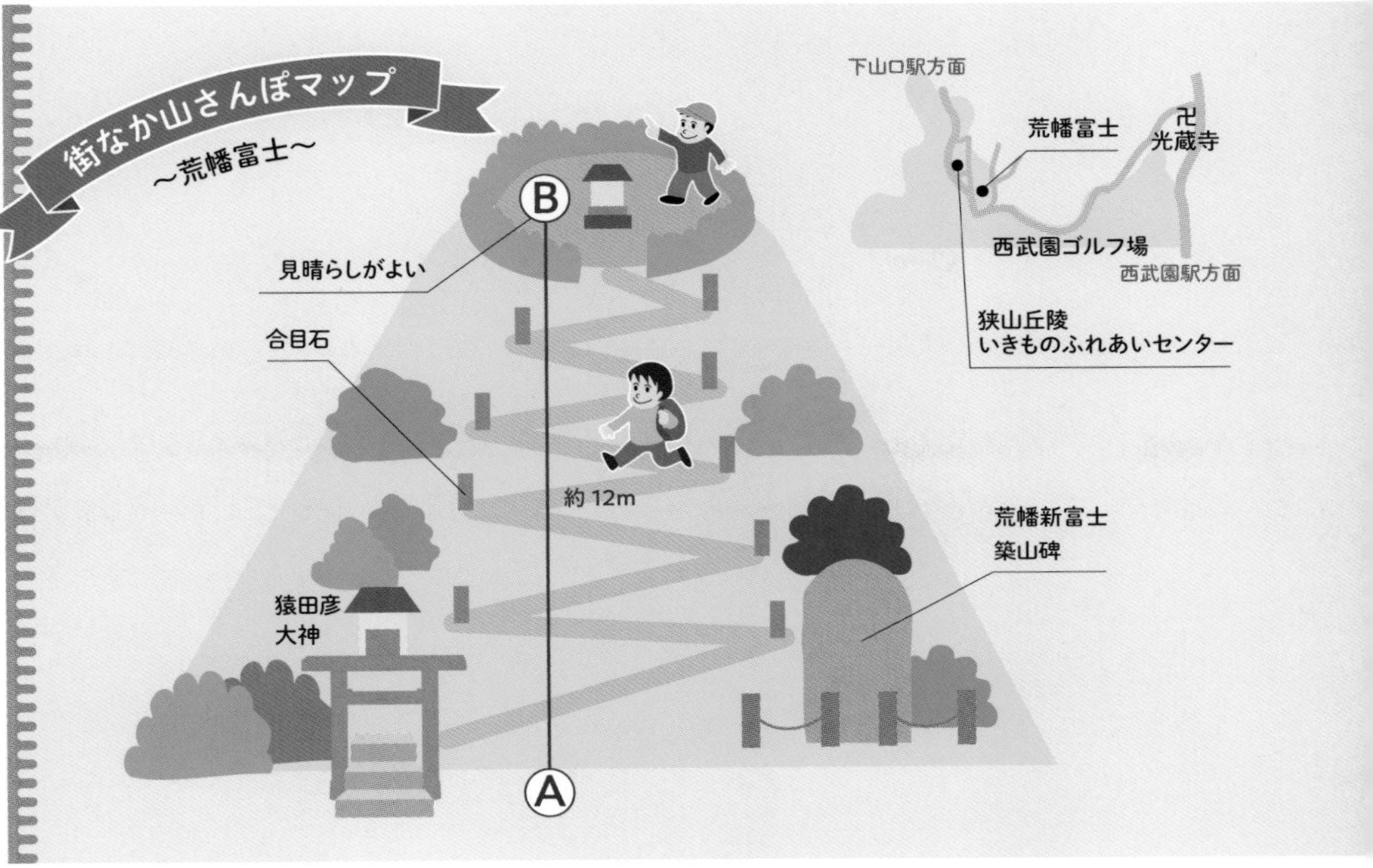

ここに注目！

史跡

明治の文人も一推しの眺め

「荒幡新富士築山碑」は明治時代の文人・大町桂月が築山の労苦を後世に伝えるために大正 10 年に建立したもの。桂月は紀行文『狭山紀行』でも東京及び近郊の眺望の良い場所として芝の愛宕山、品川神社、市川の国府台、立川の普済寺、百草園、荒幡富士を挙げ、その眺望を讃えている。

ここに注目！

学び

狭山丘陵の自然に触れる

荒幡富士の裏側に「埼玉県狭山丘陵いきものふれあいの里センター」がある。展示室などを備える他、「まゆ玉作り」など地域の年中行事の体験講座や、自然観察会なども行われている。

TEL 04-2939-9412

Data

難易度：★

- 12m
- 5 分
- 埼玉県所沢市荒幡 748 番地
- バス停「光蔵寺」より 徒歩 12 分

天気の良い日は山頂から富士山を望むことができる

富士塚

新たな観光名所となった富士塚

田子山富士

たごやまふじ

人気のパワースポット
入山日は確認を

志木駅からバスで5分、新河岸川沿いにある田子山富士。高さ8・7ｍ、直径30ｍの富士塚には１１３もの石造物が。その中には石造の「烏帽子岩」や地下洞穴の「御胎内」など、見どころにあふれている。30年ほど前から石造物の崩落や倒壊による危険のため入山が禁止されていたが、２０１６年に修復工事が完了し、晴れて入山することができるようになった。入山できる日は決まっており、特別入山日に指定された日の他は、大安と友引の日のみ。時間も10時から15時と定められているので、訪れる前に入山できるか確認することをおすすめしたい。

内部で安産祈願が行われたという「御胎内」。現在、一般公開はしていない

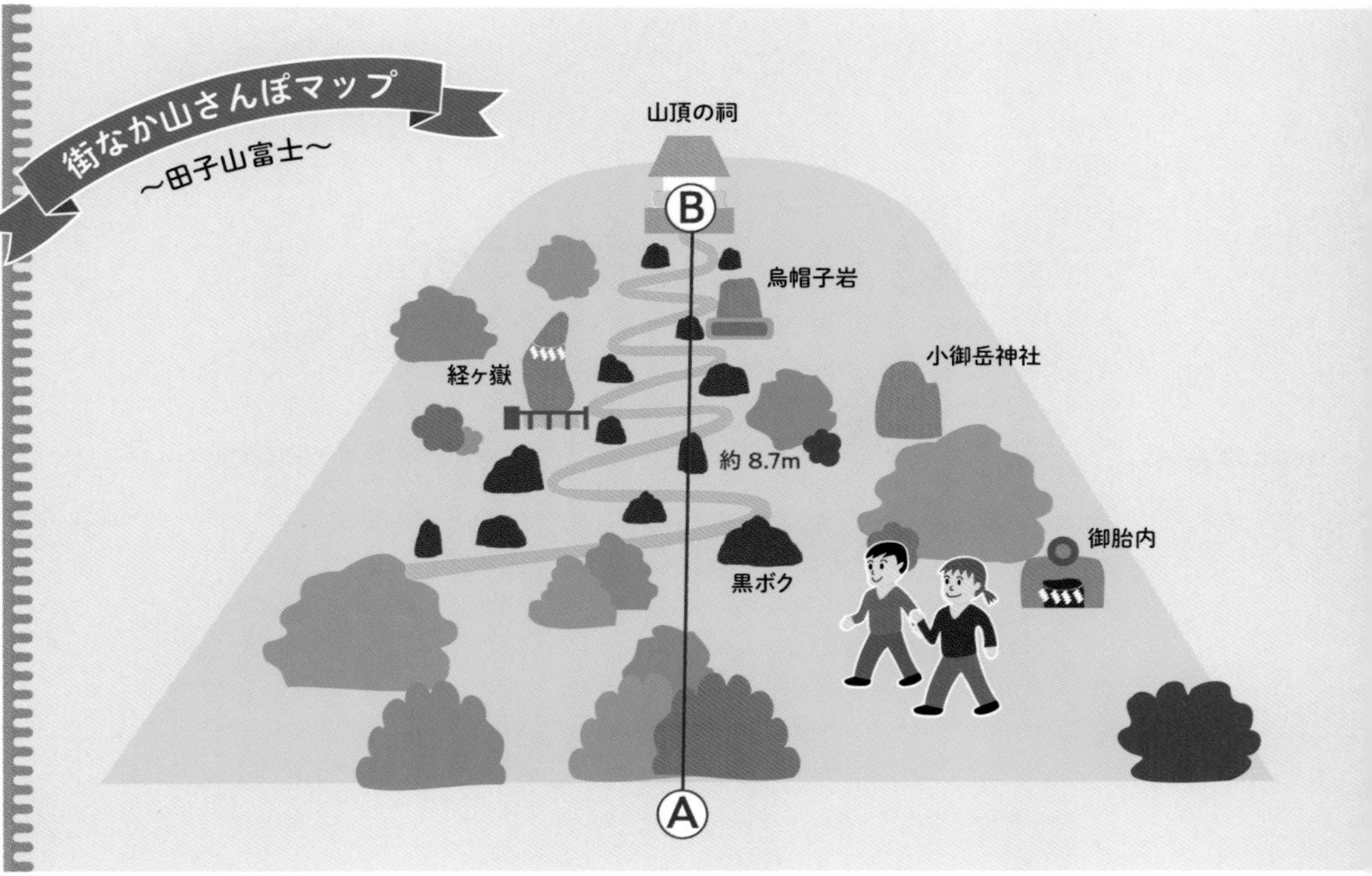

こぼれ話

ここに注目！

入山日限定のショップ

志木市商工会が運営している「田子山富士観光案内所」は、田子山富士の入山可能日のみ開店している。御札・御朱印・限定グッズや関連資料の冊子まで取り揃えているので、登頂記念のお土産を買いに行ってみよう。

TEL 048-471-0049　www.tagoyamafuji.org

Data

難易度：★

8.7m

15 分

埼玉県志木市本町 2-9-40

バス停「富士道」より
徒歩 5 分

ここに注目！

行事

富士信仰の行事「山仕舞い」のお焚き上げ

毎年８月はお焚き上げによる「山仕舞い」の行事が行われている。神主のお祓いした燃えさしは参加者に配布され、持ち帰り玄関に吊るしておくと「火除け」、「災難除け」、「招福」のご利益があるという。

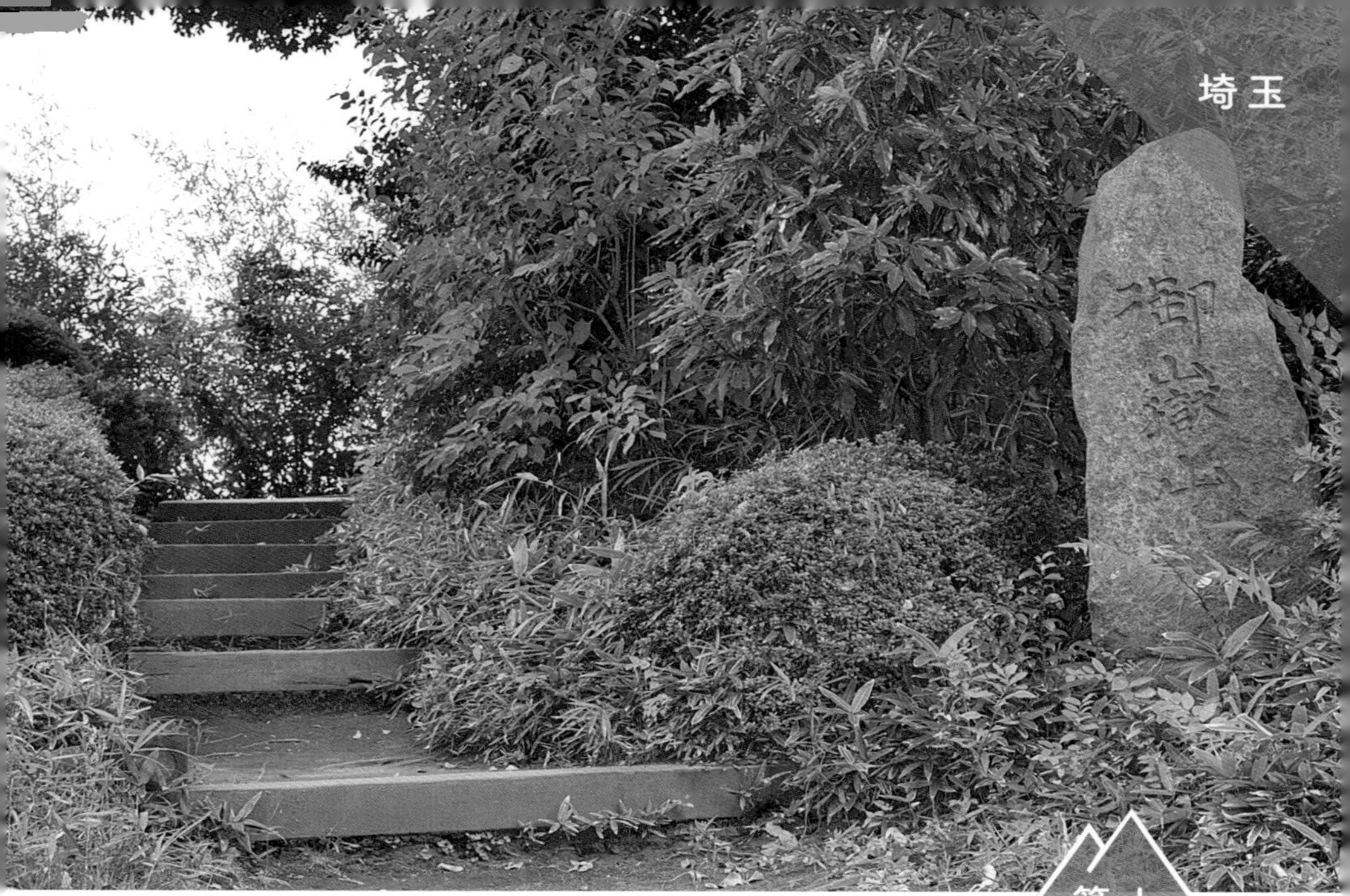

こちらの標高は 32m。川口市安行では最高峰とされている。石碑の横の階段を上って行こう

築山

富士塚ならぬ御嶽塚

御嶽山

おんたけさん

御嶽山信仰を伝える辺りの最高峰

埼玉県川口市に九重神社という神社がある。かつては平将門が砦を築いたと伝わるこの地に建つ、周囲で最も高い丘が御嶽山だ。こちらの御嶽山は、標高３０６７ｍを誇る木曽の御嶽山を信仰する「御嶽講中」によって造られた御嶽塚である。

「村社九重神社」と彫られた立派な石碑の脇を通り、鳥居の先の階段を上ると、九重神社に到着。まずは参拝を済ませたら、境内から続く階段を上って行こう。のんびりと登っても10分弱、それほど労せずに山頂までたどり着けるだろう。山頂には御嶽山・三笠山・八海山の石碑が建つ。

頂上の石碑。中央に「御嶽山」と記されている

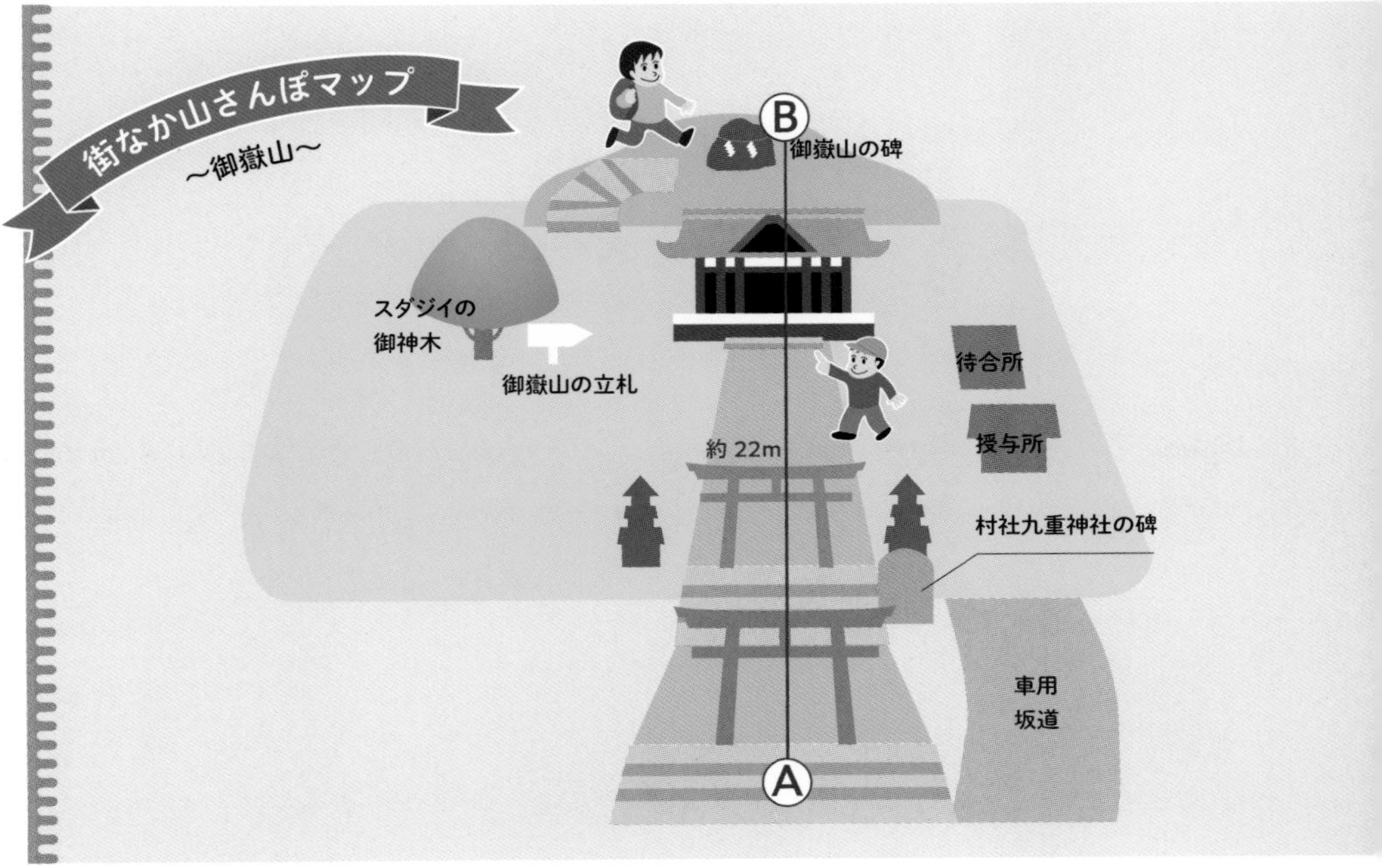

こぼれ話

ここに注目！

素戔嗚命《すさのおのみこと》を祀る九重神社

災難除け・安産・家内安全のご利益を持つとされる九重神社は、御嶽山に登る機会があれば併せて巡りたいスポット。本殿の傍らにはご神木のスジダイが堂々たる姿を見せ、樹齢は500年以上と伝わっている。

Data

難易度：★

22m

20 分

埼玉県川口市安行原 2042

東武スカイツリーライン
「草加」駅車 15 分

ここに注目！

史跡

頂上に祀られる木曽御嶽三神

山頂に建つ石碑の「御嶽山」「三笠山」「八海山」は木曽御嶽三神と言われ、木曽御嶽山を開山した普寛《ふかん》行者がこの三山を開山したと伝えられている。御嶽講とは、古くから霊山とされてきた木曽御嶽山をご神体とする山岳信仰のことである。

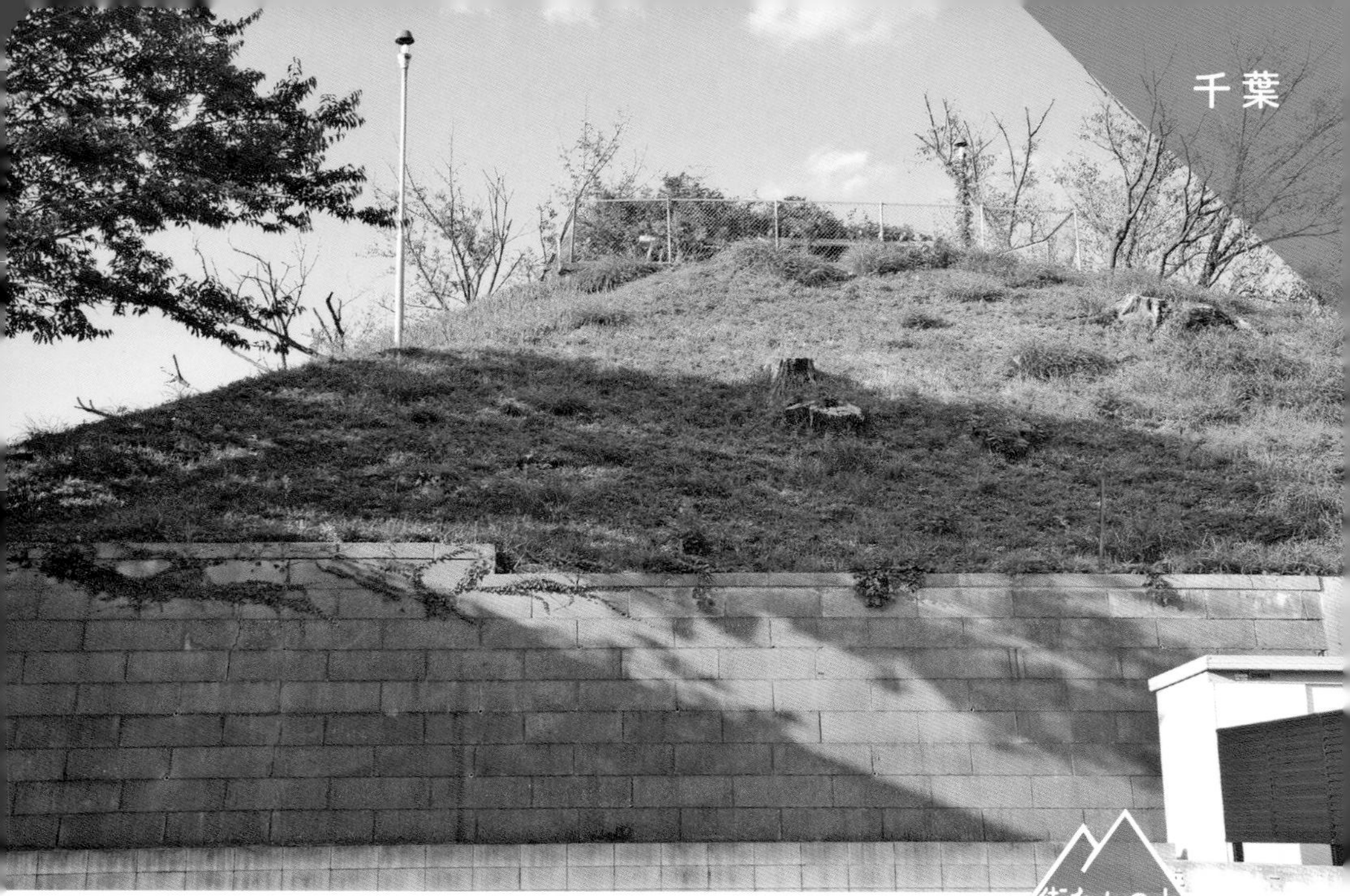

市街地にこんもりと聳えるルボン山

街なかの山

その名はフランスの軍人から

ルボン山《るぼんやま》

かつては砲兵学校
歴史を伝える

ＪＲ総武本線四街道駅を降りて１kmほど。市街の中心地に突如小高い丘「ルボン山」が姿を現す。その名前の由来は、明治維新から間もない明治５年に、明治政府によって陸軍の指導者として招聘されたフランスの砲兵大尉ジョルジュ・ルボンから。

現在は眺望を楽しめるスポットになっている。山頂までは真っ直ぐに延びた石段を上ろう。石段は全部で70段ほど。やや急坂なので、体力に自信のない人は途中の踊り場で足を休めるのも良いだろう。山頂まで登り切ったら、ベンチが設えられているので、しばしの休憩。四街道市の中心街を一望してみよう。

山の麓に建つ「砲兵射垜」の碑

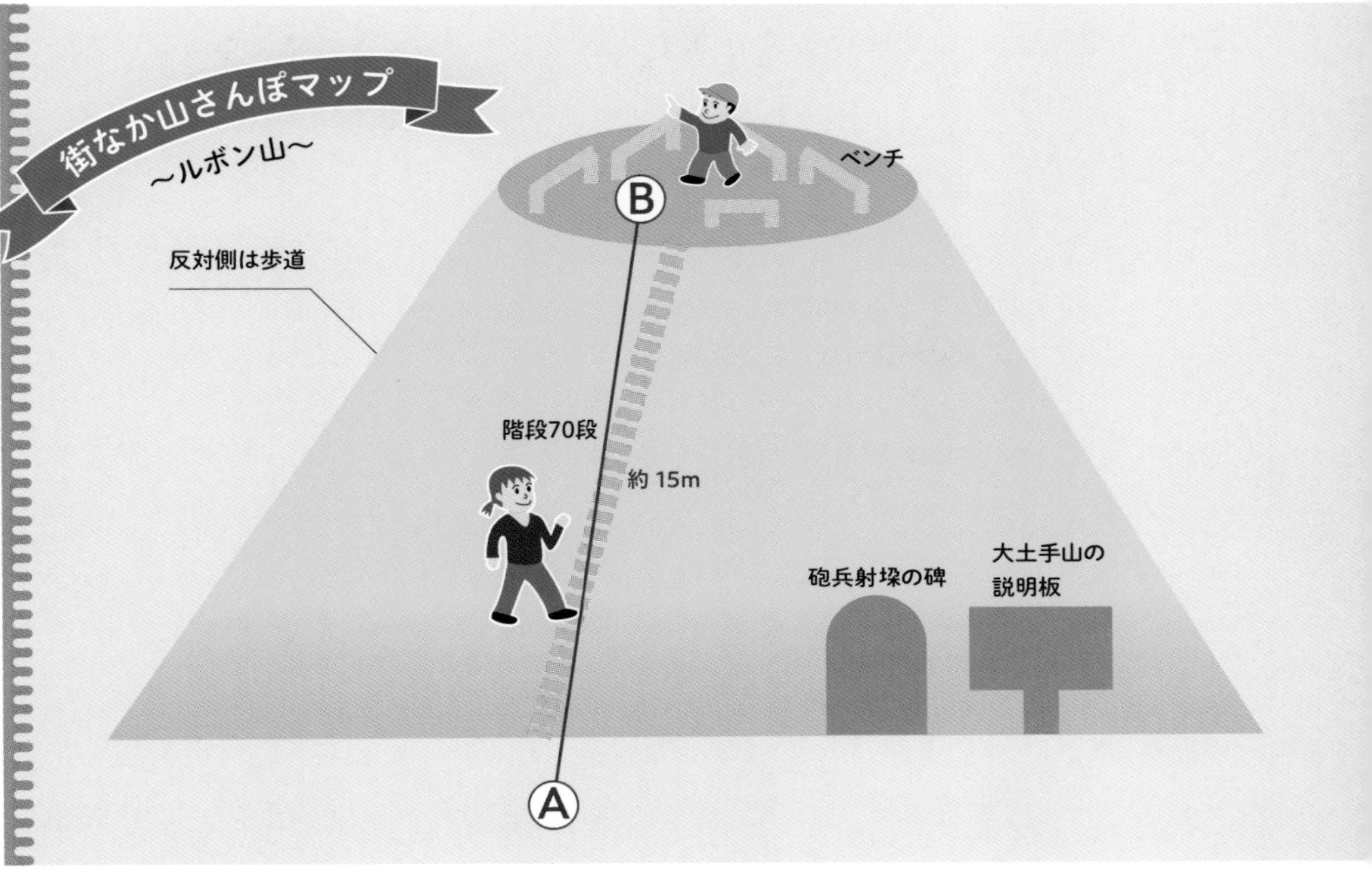

こぼれ話

ここに注目！

近代軍隊の創設に尽力したルボン

明治維新間もない当時、海軍はイギリス式を、陸軍はフランス式を参考に日本の軍隊は近代化を進めていった。そして、フランスより招かれたルボンは明治19年(1886)、大土手山を改築し、陸軍砲兵射的学校(後の陸軍野戦砲兵学校)を設立。山の歴史を伝える説明板も見てみよう。

ここに注目！

癒し

市中を一望

辺りに高い建物もないため、360度四方を見渡せる山頂。ゆっくりと登っても5分もあれば山頂まで辿り着けるだろう。かつては陸戦の訓練が行われたこの地。平和になった今こそ、この地が歩んだ歴史に思いを馳せて訪れてみたい。

Data

難易度：★

15m

15分

千葉県四街道市大日396

JR「四街道」駅
徒歩13分

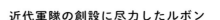

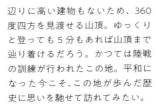

千葉

一部木道となっている湿地帯。木々の茂る高台に根木内城が建てられていた

街なかの山

歴史と自然に触れる

根木内歴史公園《ねぎうちれきしこうえん》

城跡が歴史を語る 自然豊かな公園

戦国時代には10以上の城が建っていたと伝わる千葉県松戸市。旧水戸街道沿いには、戦国時代の城郭の名残を今にとどめる根木内歴史公園がある。この場所にはかつて戦国大名高城家の居城・根木内城が建っていた。根木内城は天正18年（1590）に廃城になったが、今もなお土塁や土橋、空堀の跡を見ることができる。「根木内城跡」の傍らの土橋を渡れば、芝生の広場が広がる。すぐ近くに国道が走っているとは思えない、のどかな雰囲気だ。空堀を見ながら坂道を下った先は湿地帯に。ぐるっと一周してもさほど距離はないので、四季の景色を楽しみながらゆっくり歩きたい。

広場でお弁当を広げても良いだろう

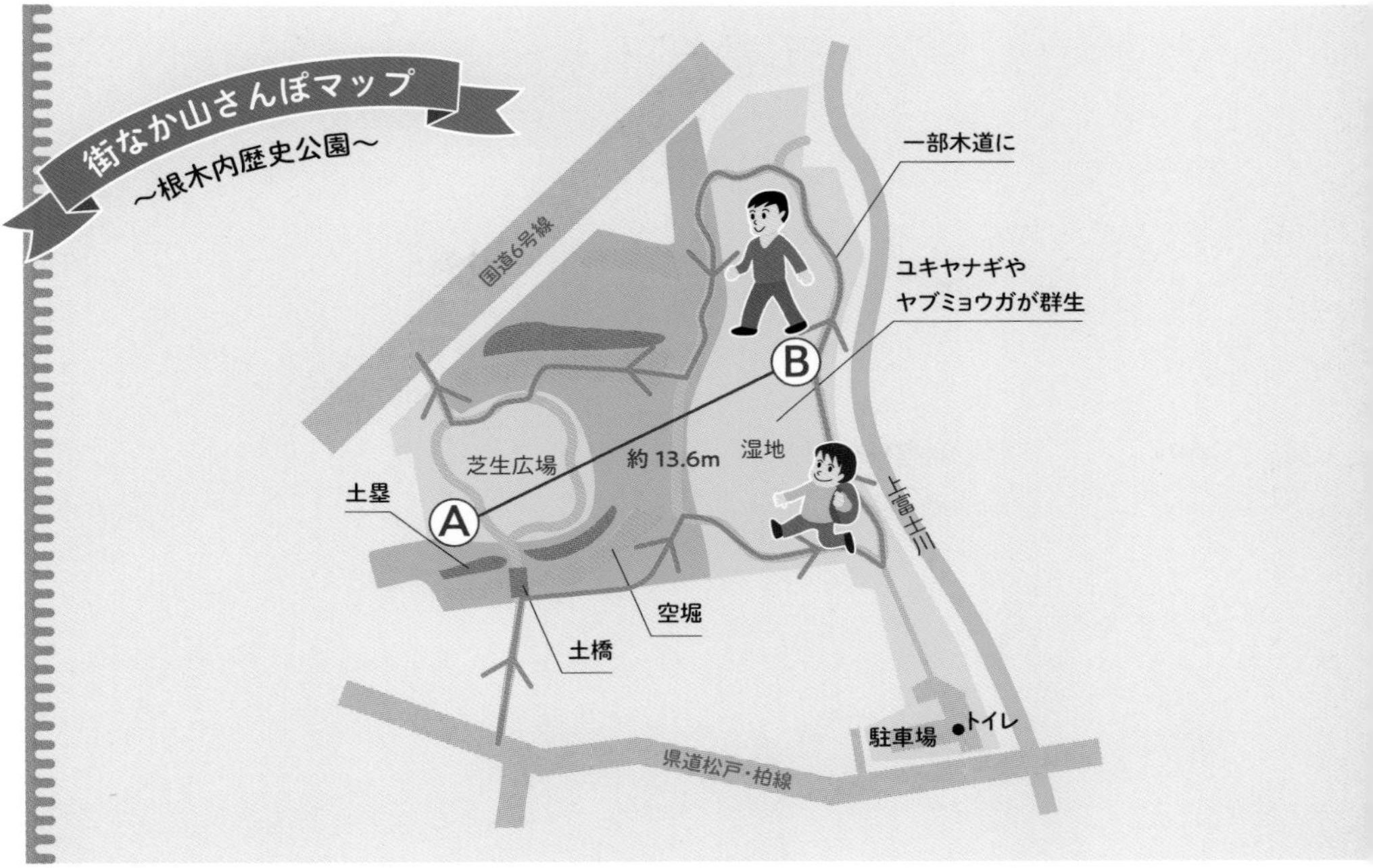

史跡

ここに注目！

市内にただ二つ残された城跡

かつては市内に10箇所以上あったとされる城郭も、その面影を今にとどめるのは２つのみ。根木内城のあった根木内歴史公園と、小金城跡の「大谷口歴史公園」だ。共に戦国武将・高《たか》城《ぎ》胤《たね》吉《よし》が居城とした城であった。写真は、根木内城の空堀跡。右側が高くなっている。

ここに注目！

癒し

親子連れで親しむ公園に

芝生の広場をはじめ、公園内の各所ではのんびりと遊んでいる家族連れを見かけることも。かつて川であった湿地帯ではザリガニ釣りに勤しむ少年の姿も。ここにもベンチが据えられているので、散策に疲れたら休憩しよう。

Data

難易度：★

13.6m

20分

千葉県松戸市

JR「北小金」駅
徒歩14分

番外編

古墳を歩く

古墳とは、3世紀中ごろから7世紀にかけて、豪族や権力者を埋葬するために造られた墳墓のことで、全国におよそ16万基が存在していると言われている。ここからは太古の歴史に思いを馳せながら、歩いてみよう。

古墳は自由に築かれたわけではなく、ヤマト政権とのつながりによって主に5タイプの古墳が造られた

前方後円墳

日本独自の墳墓の形と言われ、ヤマト政権の王や親族、ヤマト政権とつながりの深い各地の首長たちや豪族だけに築造が許された。円形の後円部分と台形の前方部分を合体させた造り。

前方後方墳

古墳時代前期に登場し、全国で500基程。前方後円墳より小さく、主に中部・関東で造られた。

政権への参加が遅れた首長たちは前方後方墳や帆立貝式古墳

帆立貝式古墳

5世紀前半に登場。前方後円墳よりも、前方部分が短いのが特徴。帆立貝に似ていることからこの名に。

方墳

小規模のものがほとんど。とくに7世紀以降、前方後円墳にかわって多く造られた。

更にヤマト政権と遠い首長たちは円墳や方墳を造営

円墳

古墳全体の9割が円墳だ。とくに6世紀以降、群集墳として多く造られた。

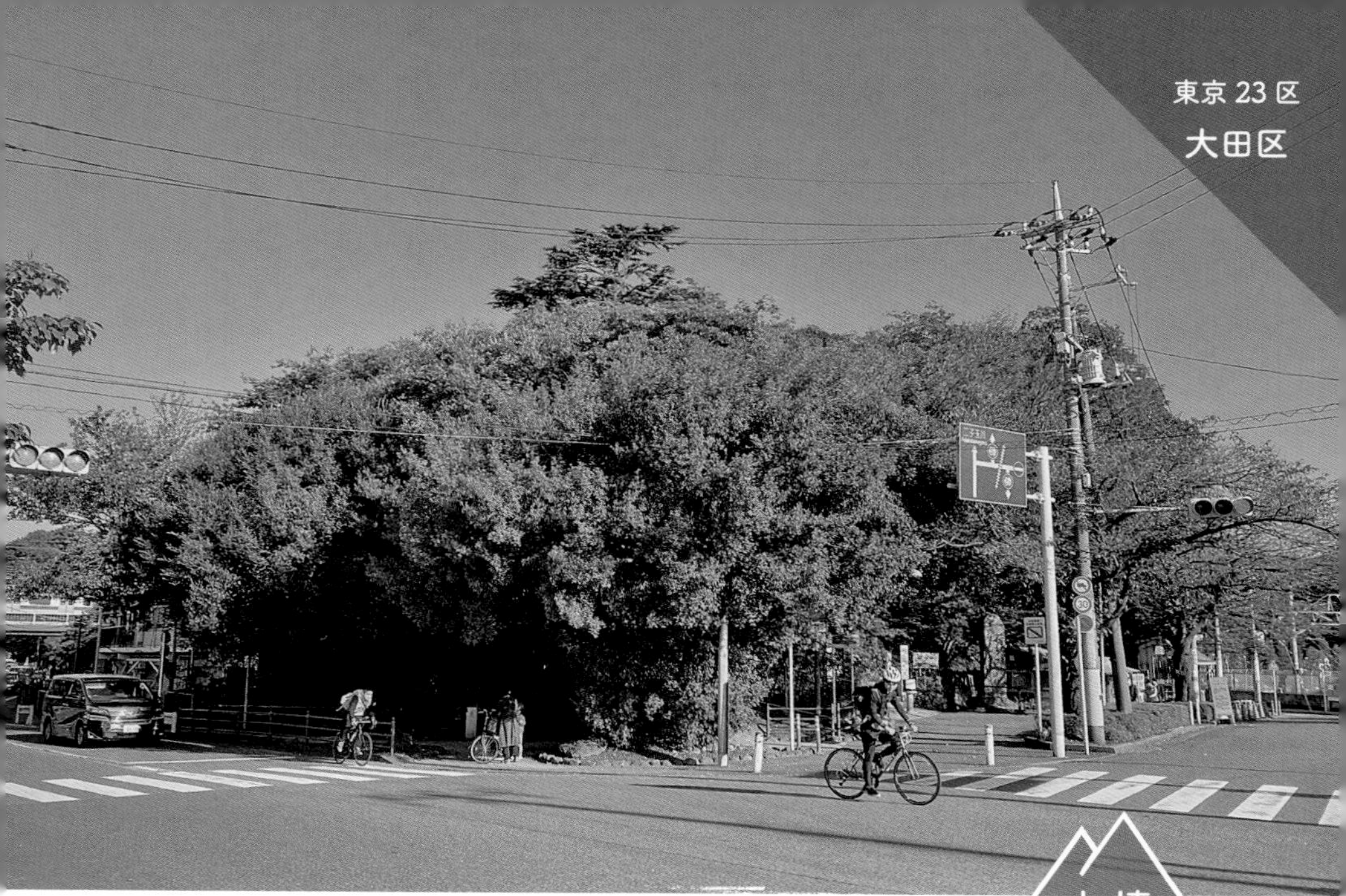

社殿が前方後円墳の後円上に建つ、多摩川浅間神社

古墳

展望台より霊峰富士が望める

多摩川浅間神社

たまがわ せんげんじんじゃ

古墳の上に鎮座する神社

6世紀後半から7世紀中頃までにかけて築かれた8基からなる多摩川台古墳群や亀甲山《かめのこやま》古墳一帯は多摩川台公園として整備され地域住民に親しまれている。そして、公園の南側に聳《そび》え立つのが、多摩川浅間神社だ。石段を上がって一つ目の鳥居をくぐる。更に先の鳥居をくぐって石段を上ると左手に富士の溶岩から流れる白糸の滝が、右手には幕末の志士・勝海舟が揮毫した富士講信仰の祖・食行《じきぎょう》身《み》禄《ろく》と書かれた石碑が建つ。頂上拝殿は都内で唯一という「浅間造り」（※）の社殿にお参りしてから展望台へ。眼下には多摩川、遠くには富士山が望める日も。

展望台からの眺め

※社殿の上にさらに別の社殿が載った二階建ての様式

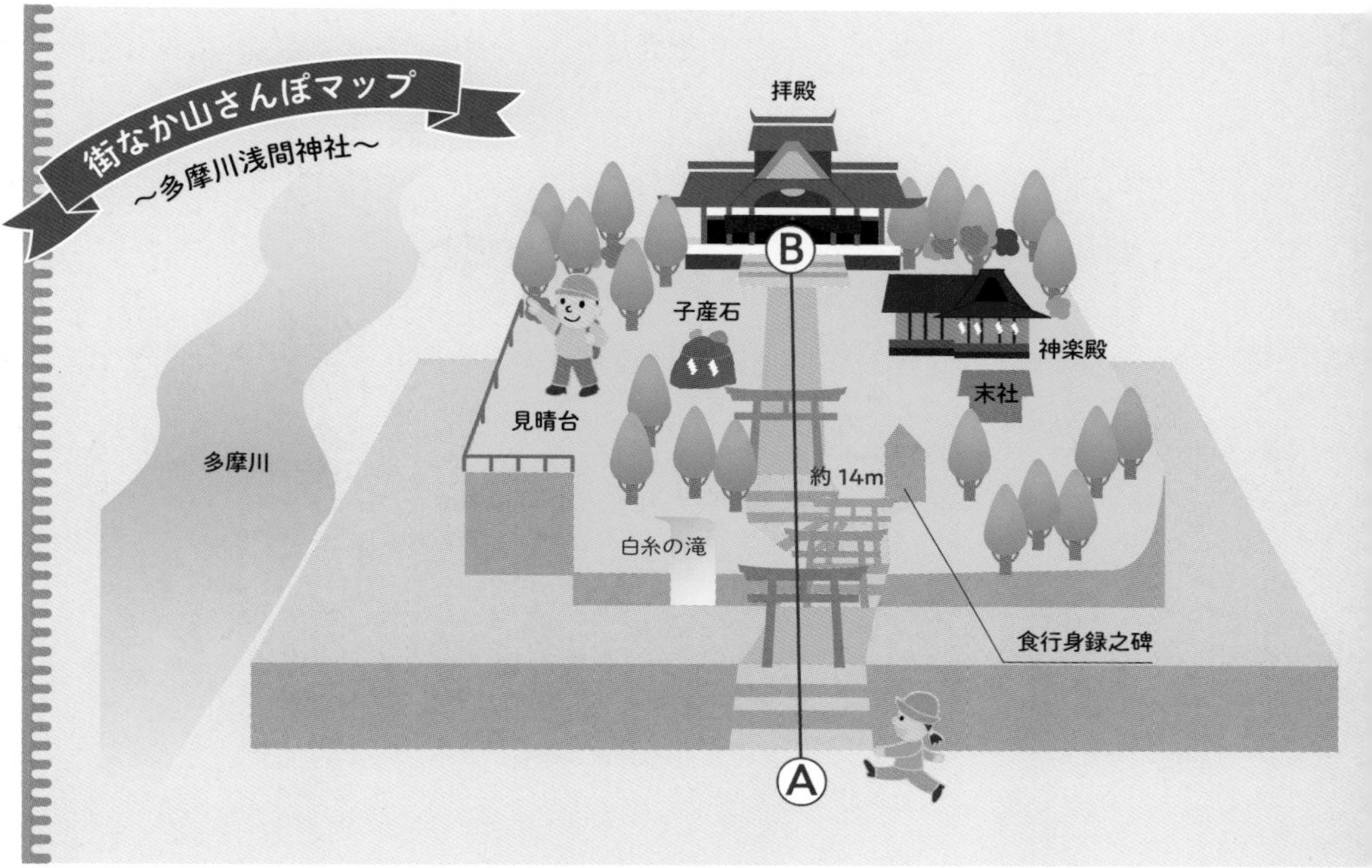

寺社

ここに注目！

創建は北条政子に由来

文治年間(1185 ～ 1190)、出陣した源頼朝を心配した妻政子は、夫を追う。しかし、わらじの傷のせいで、この地に留まることに。その際、亀甲山から富士山が鮮やかに見えたという。富士の裾野には、信仰する「浅間神社」があり、夫の無事を祈り身に着けていた「正観世音像」を建てたことが、神社の始まり。

ここに注目！

史跡

子産石

炎の中で出産したと言われる祭神の「木花咲耶《このはなさくや》姫《ひめの》命《みこと》」は、子宝・安産・子育ての神。境内にある子産石を両手で優しく撫でると、子宝に恵まれるご利益があるという。

Data

難易度：★

- 14m
- 15 分
- 東京都大田区田園調布 1-55-12
- 東急東横線「多摩川」駅 徒歩 2 分

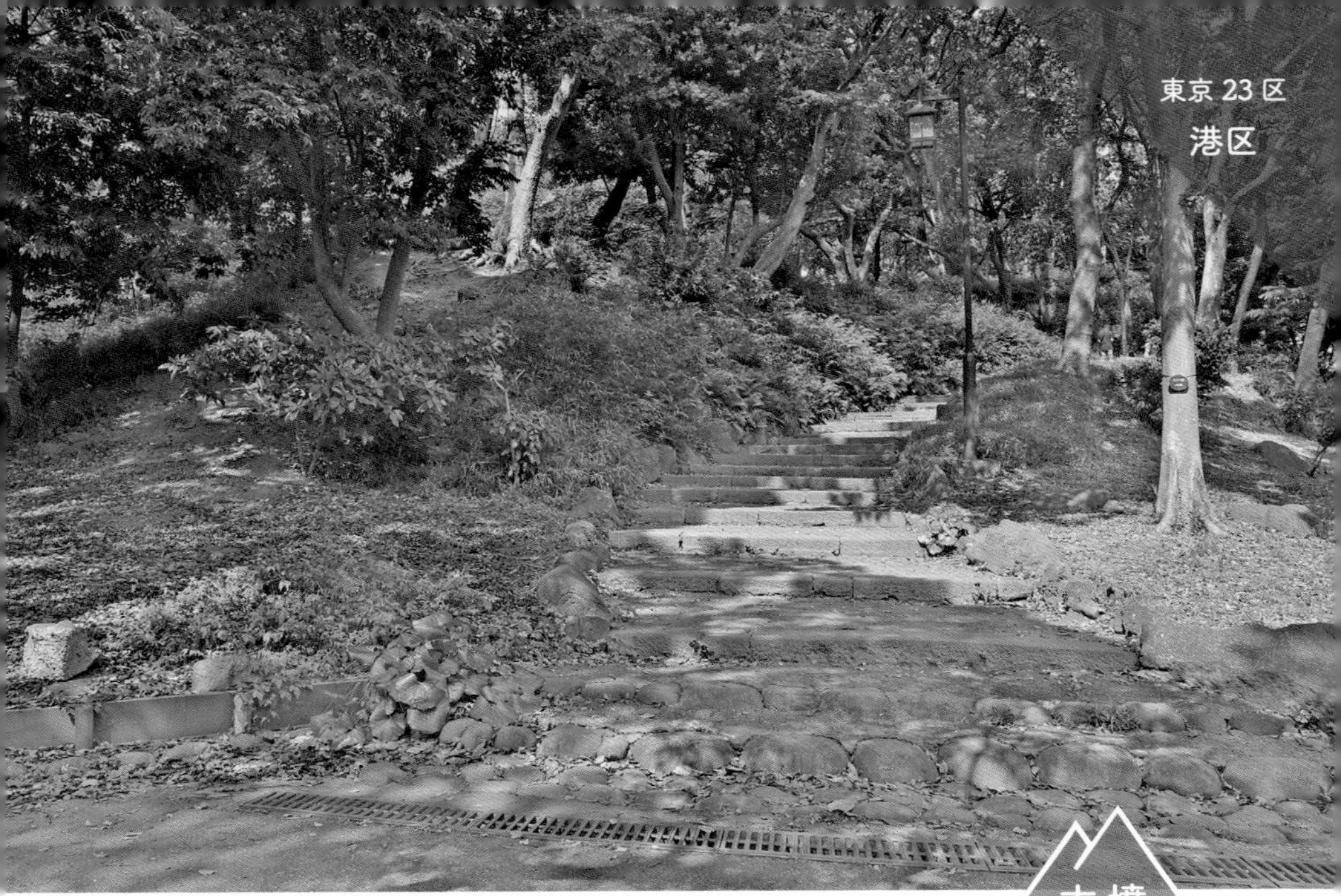

徳川家康を祀る芝東照宮にも隣接する芝丸山古墳。標高 22m で自然の山のようにも見える

古墳

都心に残る都内最大級の前方後円墳

芝丸山古墳《しばまるやまこふん》

小高い台地に造られた前方後円墳

芝公園駅Ａ４出口を出て芝公園に入り、東京タワー方面へ進んでいくと、「銀世界」と呼ばれる梅林が広がる。この梅園は、江戸時代に「梅屋敷銀世界」として新宿角筈にあった梅に由来。梅林の先の緩やかな石段を登ろう。階段の先の広場に芝丸山古墳の石碑が建っている。５世紀頃に造られた全長１０６ｍ前後の都内最大級の前方後円墳と案内板にあり、そこから真横に古墳を見ることができる。さらに石段を上がった先の頂上には、伊能忠敬の功績を顕彰する遺功表が設置されている。木立の間からは、東京タワーやザ・プリンスパークタワーが望めこちらを見下ろしているかのようだ。

白梅の様子からその名が付いたという「銀世界」

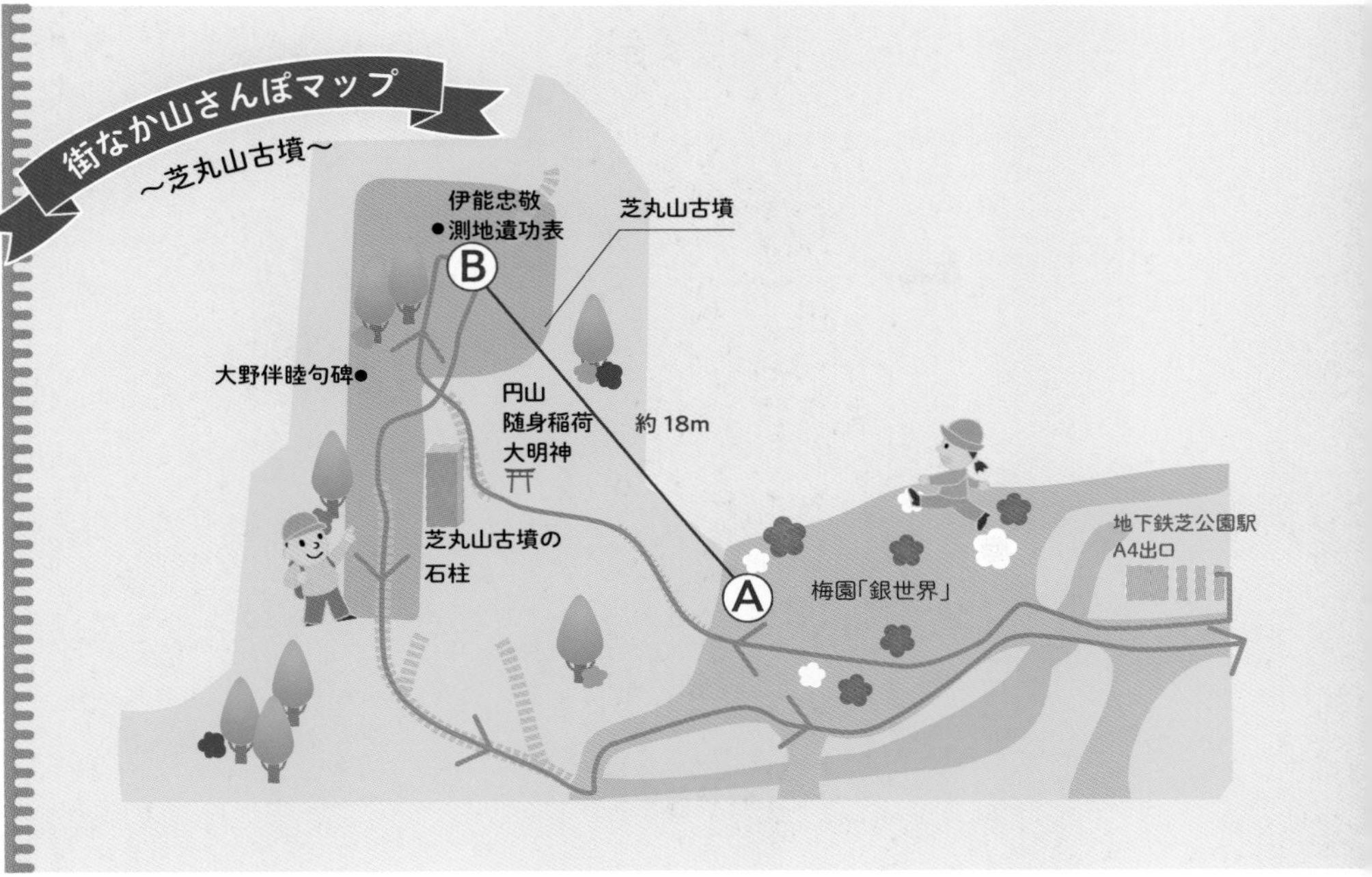

こぼれ話

ここに注目！

桑名から阿弥陀如来に随行したお稲荷さん

芝丸山古墳上に建つ円山随身稲荷大明神は、増上寺移転の際、桑名から本尊の阿弥陀如来像を迎える際に随行してきた稲荷神が祀られた神社で、増上寺の裏鬼門を鎮護している。現在は芝東照宮の末社となっており、鳥居の先の石段を登ると社殿がある。

ここに注目！

Data

難易度：★★

- 18m
- 20 分
- 東京都港区芝公園
- 都営三田線「芝公園」駅 徒歩３分

史跡

伊能忠敬の測量の遺功表

日本中を歩いて正確な地図を制作した江戸時代の功労者・伊能忠敬。明治22年に、東京地学協会総会が遺功表を設置したが戦災で焼失。昭和40年に現在の遺功表が設置された。

東京23区
港区

この付近は、江戸時代は下屋敷だったが、明治維新後は皇族華頂宮《かちょうのみや》邸となった

古墳

亀塚（亀塚公園）かめづか

江戸時代、大名家の下屋敷が置かれた

亀の遊具や亀山碑
古墳と言われる亀塚

「公園」の名が示すように亀の遊具が随所に置かれた園内の一角にある、こんもりとした姿の山が亀塚だ。階段を上がった頂上にはベンチが置かれ、木陰で一休みしている人の姿も。

亀塚は日本の人類学・考古学の創始者の一人と言われる坪井正五郎氏が古墳だと指摘していたが、学術調査が行われずその真偽は明らかではなかった。

昭和45、46年に港区教育委員会が主体となって行った、慶應義塾大学の調査で、古墳時代以後に築造された事が分かった。その後平成14、17、18年の調査でも古墳との断定はできなかったが、その可能性は高いと言われている。

都心では珍しいカントウタンポポを保全している。開花の最盛期は4月から5月

街なか山さんぽマップ
～亀塚～

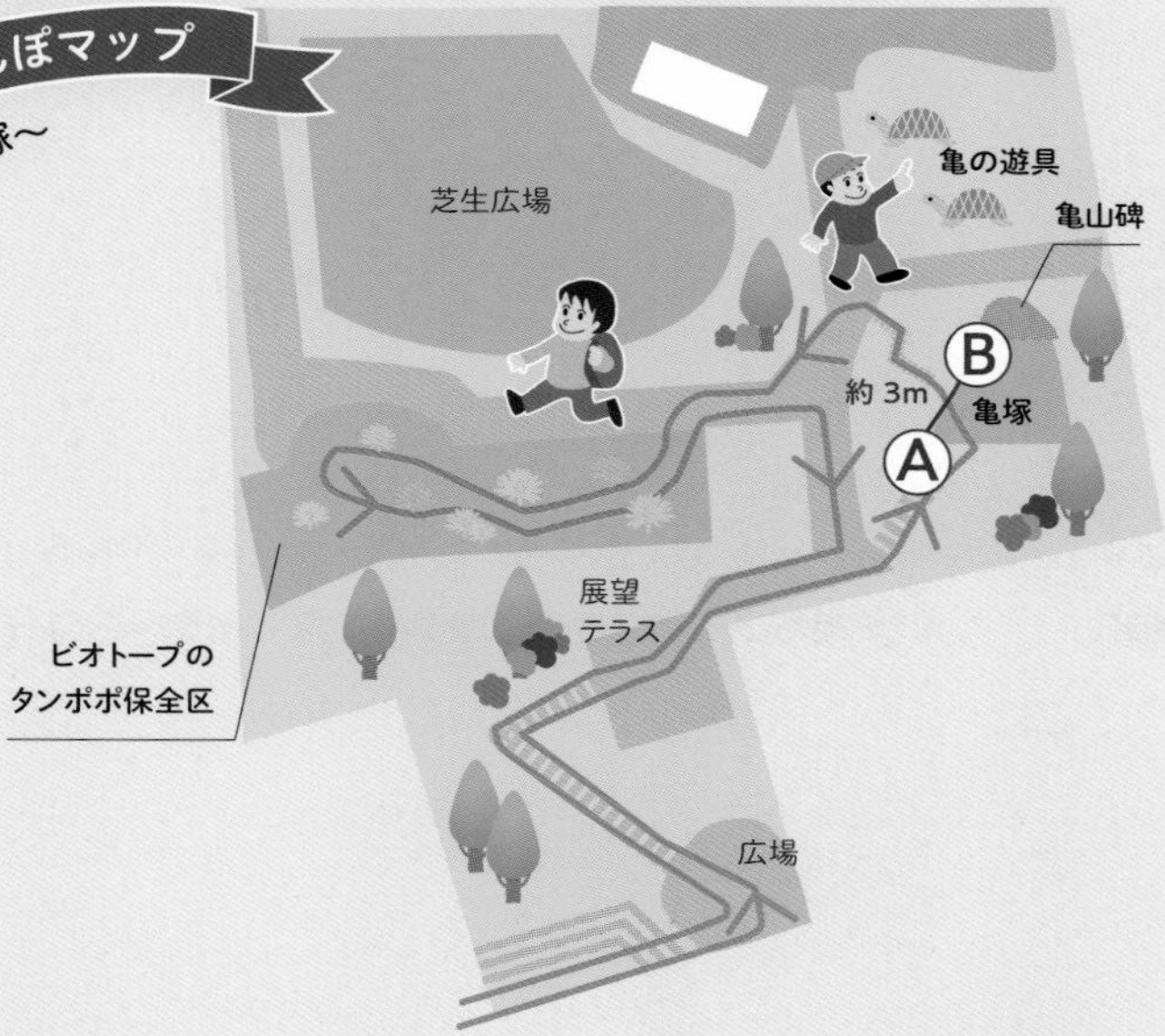

史跡

ここに注目！

大名が建てた貴重な亀山碑

上野国《こうずけのくに》沼田城主土岐頼熙《よりおき》によって寛延３年(1750) に建てられた石碑。土岐家は、明暦３年(1657) にこの地を下屋敷として拝領している。頼熙は、神と崇めていた亀が石になったという塚の伝説に興味を持ち、そうした由来を伝えるために石碑を建てたと考えられている。

ここに注目！

こぼれ話

後世へ歴史を伝えるために

詩文に秀でた大名と言われた頼熙。この地が『更級日記』の竹芝寺伝説の故地であることや、太田道灌が斥《せっ》候《こう》を置いたと伝えられていることなども、石碑に記している。

太田道灌の肖像。『先哲像傳』より
（国立国会図書館所蔵）

Data

難易度：★★

- 3m
- 20 分
- 東京都港区三田 4-16-20
- 都営浅草線「泉岳寺」駅 徒歩６分

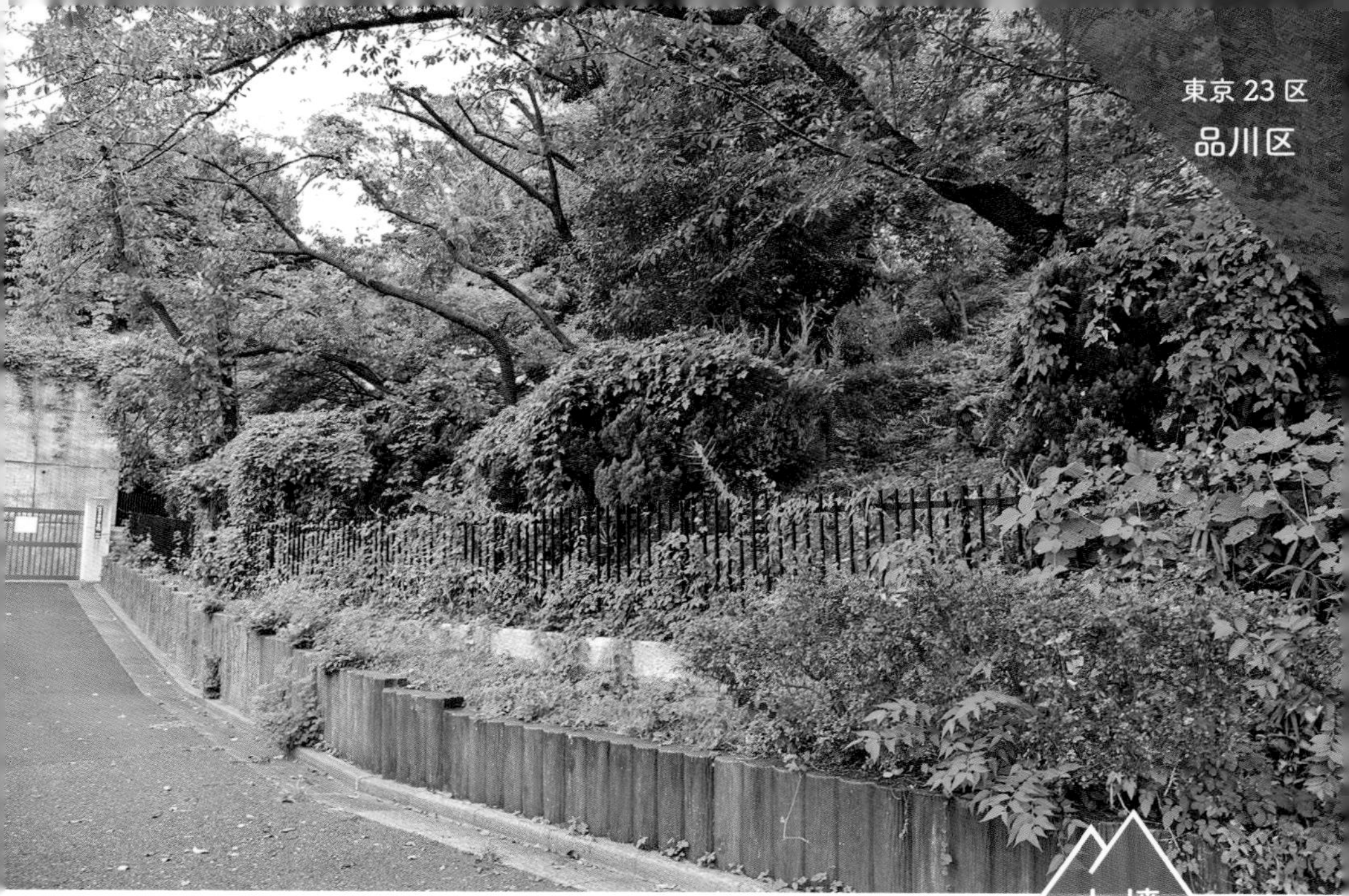

木々が茂り、多くの遊具を擁する大井町公園

古墳

かつて江戸前の海が望めた土佐山

土佐山《とさやま》（大井公園）

大名屋敷跡にある緑豊かな公園

鮫洲駅に直結する高架橋から木々が生い茂る一帯が望める。かつてここは江戸前の海が望める台地の先端で、土佐山と呼ばれていた。高架橋を降りた先の左手に大井町公園がある。右手の公園には旧・越前鯖江藩間部家下屋敷跡の案内板があった。もともとは陸奥仙台藩伊達家下屋敷があったところで、その一部が公園となっているという。

下屋敷庭跡からは多くの埴輪片が採取され、6世紀後半頃の古墳があったと想定されている。園内には遊具が置かれ子どもたちの賑やかな声が飛び交っている。道を挟んで左手の公園には、古墳のような盛土がある。

鮫洲駅に直結する歩道橋からの大井町公園

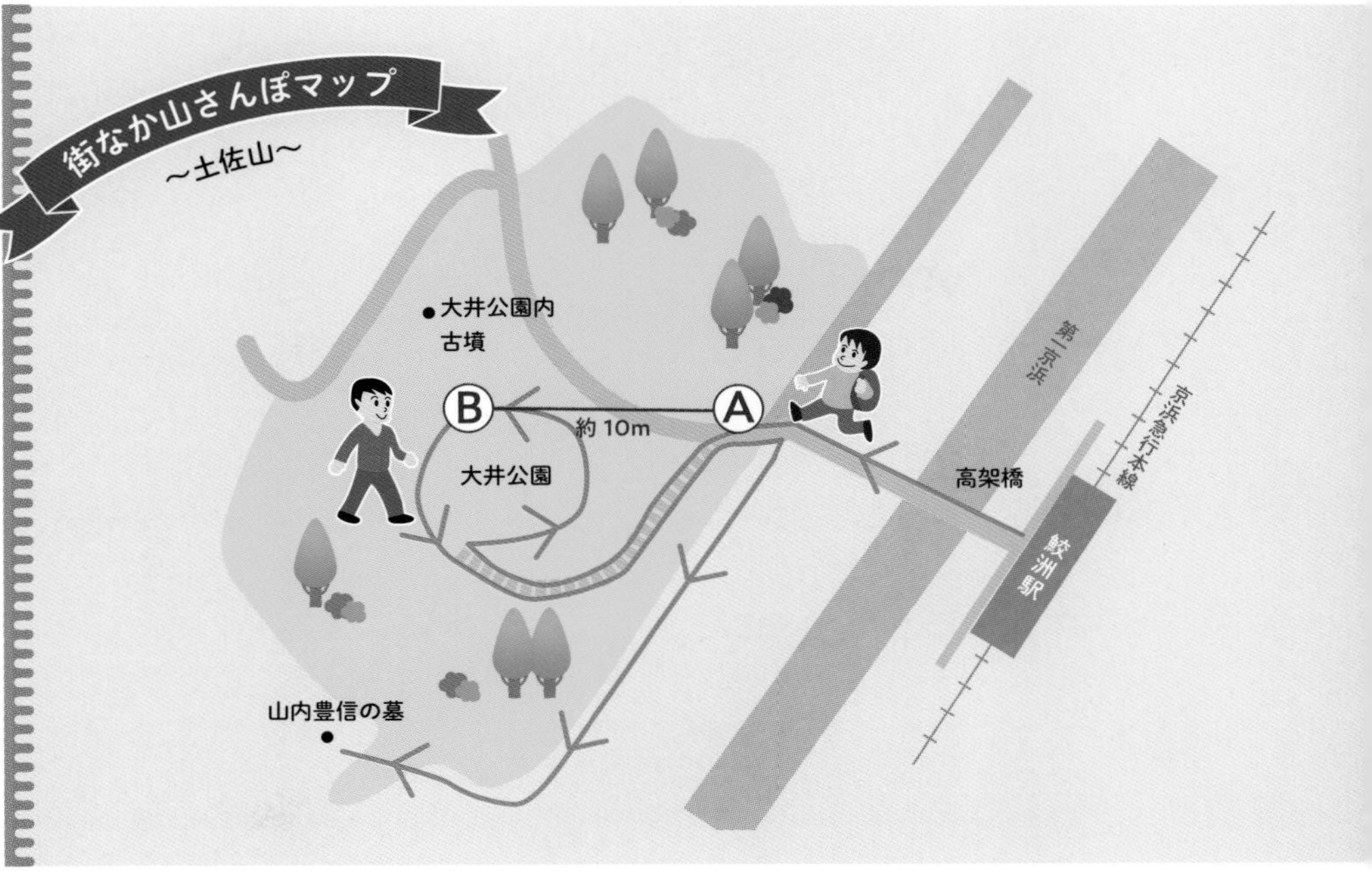

こぼれ話

ここに注目！

かつての土佐山には、古墳もあった

大井公園内の頂上付近にある盛土。品川区の東部は明治以降の埋め立てもあって、古墳群は残存していないが、大井林町一・二号墳、大井金子山横穴墓群、南品川横穴墓が調査されている。大井林町古墳二号墳は、大井公園に隣接する土佐藩山之内家の墓所にある。

ここに注目！

史跡

山内豊信《とよしげ》（容堂）の墓

高知藩主・山内豊信（1827年～1872年）は、公武合体に尽力し、徳川慶喜に大政奉還を建白するなど幕末の幕政に大きな影響を与えた人物。45歳の若さで亡くなり、遺言によってこの地に埋葬された。

Data

- 難易度：★
- 10m
- 30分
- 東京都品川区東大井4-8-4～4-3-18
- 京急本線「鮫洲」駅徒歩3分

東京23区
世田谷区

国分寺崖線上の高台、上野毛から尾山台にかけて広がる野毛古墳群で最大規模の古墳

古墳

国の重要文化財が出土した古墳

野毛大塚古墳《のげおおつかこふん》

多くの武器・武具類・石製模造品が出土

都区内唯一の天然の渓谷・等々力《とどろき》渓谷を通って野毛大塚古墳を目指そう。等々力駅から南へ向かい、赤いアーチ型のゴルフ橋へ続く、等々力渓谷入口の階段を下りていく。台地と谷の高低差は10m。多くの樹木が生い茂り、一瞬にして別世界へ誘ってくれる。谷沢《やざわ》川沿いに小道を歩いて行くと、左手に階段が見えてくる。そこから260m先、玉川野毛町公園内に野毛大塚古墳がある。全長82m、後円部直径68m、高さ11mの帆立貝式の前方後円墳だ。後円部の階段を上がると直ぐ頂上へ。イラストで4基の埋葬施設の解説が示されている。

等々力渓谷は武蔵野台地の南端に位置し、その台地面を浸食して形成された開析谷

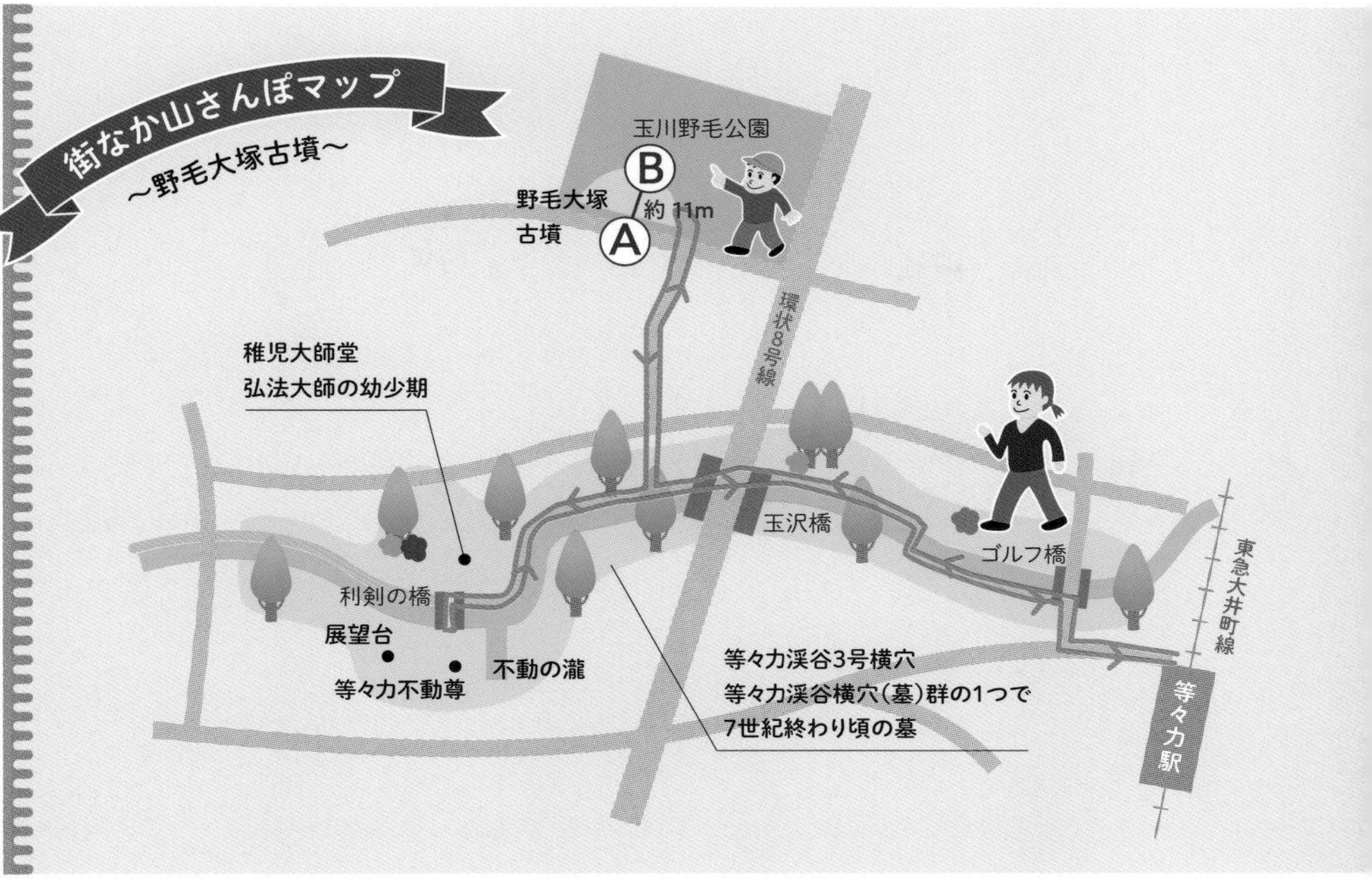

古墳

ここに注目！

南武蔵の有力な首長墓

5世紀前半に築造された古墳で、関東地方の中期古墳文化を代表する一つ。遺体を埋葬する施設主体《しゅたい》部《ぶ》が約50年間で4か所設置され、中央の第1主体部からは関東地方最古の鉄製甲冑《かっちゅう》や石製品など、多くの副葬《ふくそう》品《ひん》が出土しており国の重要文化財に指定されている。

ここに注目！

寺社

不動明王を祀る等々力不動尊

区内で唯一渓谷と共にある寺院。不動の瀧や展望台など見どころも多く、春には桜、秋には紅葉で彩られ、ぜひ立ち寄りたいスポットだ。

Data

難易度：★★★

11m

40分

東京都世田谷区野毛1-25

東急大井町線
「等々力」駅徒歩9分

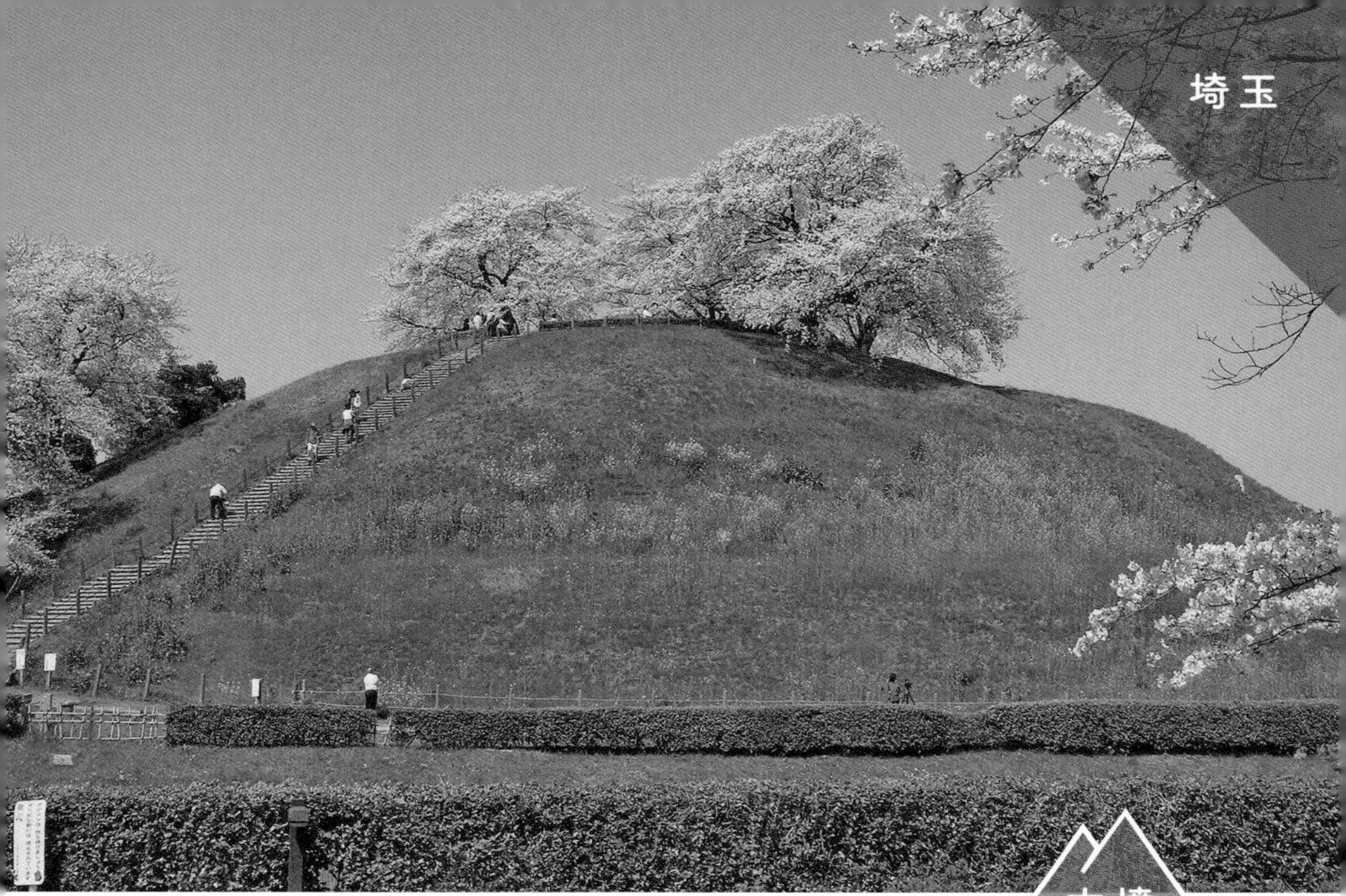

6階建てのビルの高さに相当する丸墓山古墳からは、忍城をはじめ、一帯を見晴らせる

古墳

古墳ファンならずとも訪れる価値アリ

埼玉古墳群《さきたまこふんぐん》

（さきたま古墳公園）

貴重な古墳が9基古墳に親しもう

直径105m、高さ17・2m、日本最大級の円墳「丸墓山古墳」や、全長約120mもある巨大な前方後円墳「稲荷山古墳」をはじめ、5世紀から7世紀にかけて造られた大型古墳9基があるのが、埼玉古墳群（さきたま古墳公園）だ。円墳や前方後円墳を間近に見ることができるため、一年を通じ多くの人々が訪れている。また、国宝に指定されている出土品の数々は、園内の「埼玉県立さきたま史跡の博物館」で鑑賞することができる。普通車約300台が駐車できる駐車場が整備されているのでマイカーで訪れるのもおすすめ。

公園内では四季折々の花々が咲く。写真はヒガンバナ

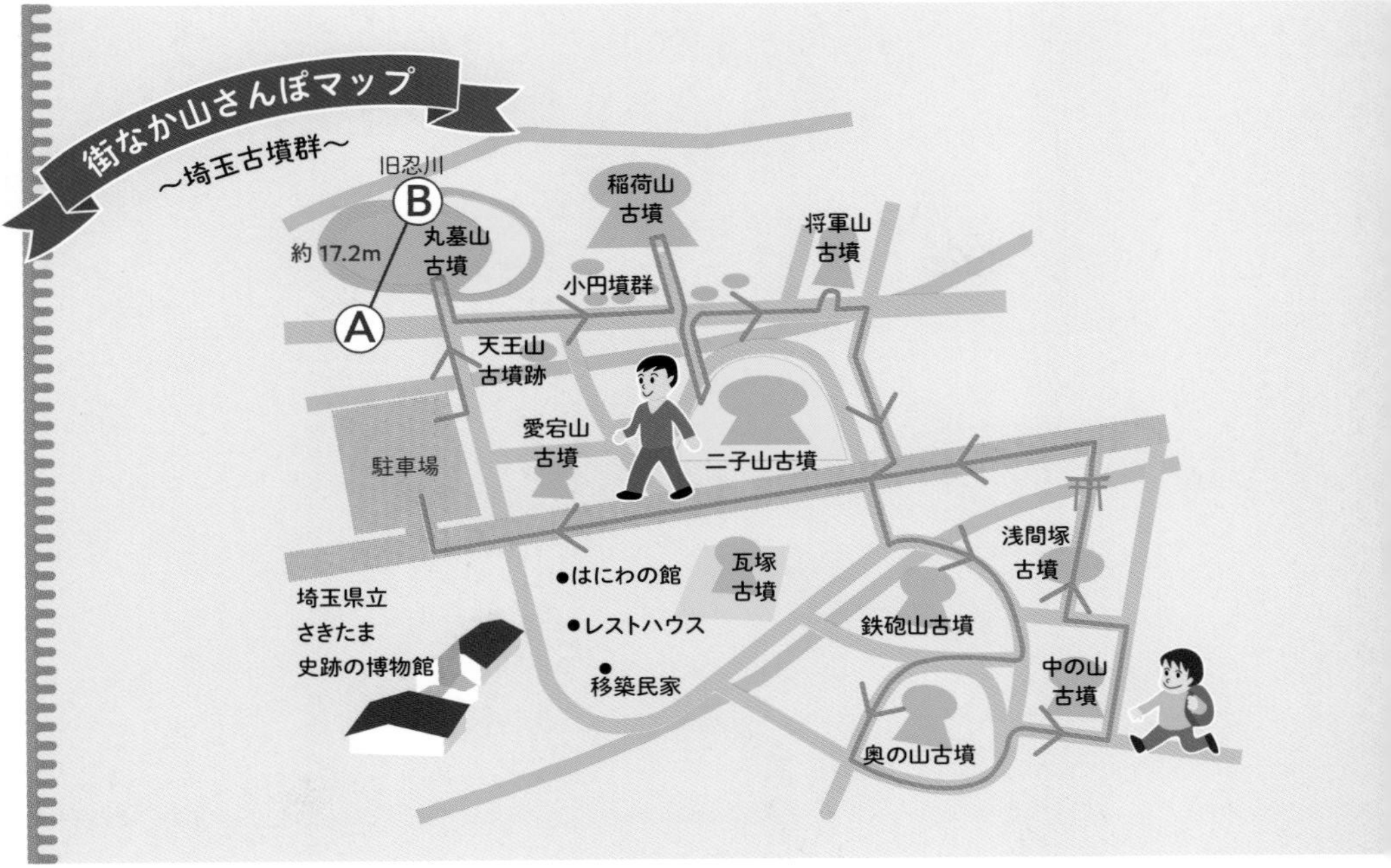

史跡

ここに注目！

出土品は国宝に。稲荷山古墳

5世紀後半に造られたとされる稲荷山古墳からは、1968年の発掘調査により2つの埋葬施設が見つかった。全て国宝に指定された出土品のなかには、115文字の文字が刻まれた「金錯名《きんさくめい》鉄剣」も。

ここに注目！

史跡

古墳内部を見学できる貴重な展示

大型古墳9基の一つ、将軍山古墳では、実際に古墳の内部に入り、往時の姿に復元された横穴式石室を見学することが可能だ。国内でもめったに見ることができない貴重な展示なので、ぜひ見逃さないようにしよう。

Data

- 難易度：★
- 17.2m
- 120分
- 埼玉県行田市
- バス停「さきたま古墳公園前」より徒歩2分

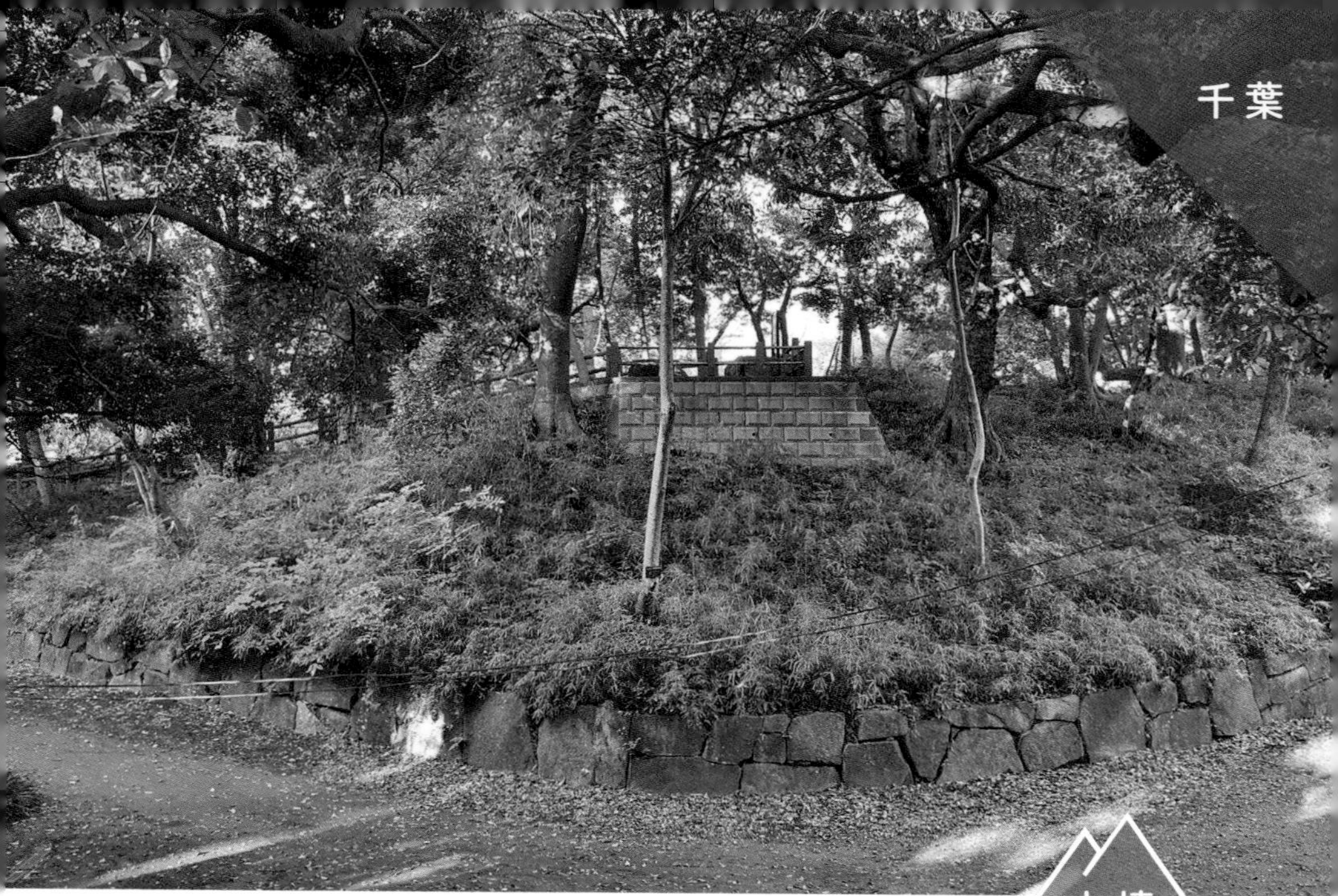

明戸古墳の全長は約 40m。周辺からは埴輪が採集された

古墳

江戸川を望む公園内に造られた

明戸古墳

あけどこふん

市民が憩う公園で発見された石棺

北総線矢切駅から歩いて20分、すぐ隣を江戸川が流れる里見公園。小高い台地上にあることから、この辺りは「国府台《こうのだい》」と呼ばれ、公園の住所にもなっている。かつてこの地には太田道灌によって築かれた国府台城が建ち、室町時代には足利方と北条方が争う決戦の舞台ともなった。

公園の北側には6世紀後半（古墳時代後期）に造られた前方後円墳「明戸古墳」があり、二つの石棺が並んでおかれている。この「明戸古墳石棺」は市の文化財にも指定され、黒雲母片麻岩製の板を組み合わせることで造られた箱式石棺である。

土砂崩れで露呈したことが『江戸名所図会』に書かれている石棺

街なか山さんぽマップ
~明戸古墳~

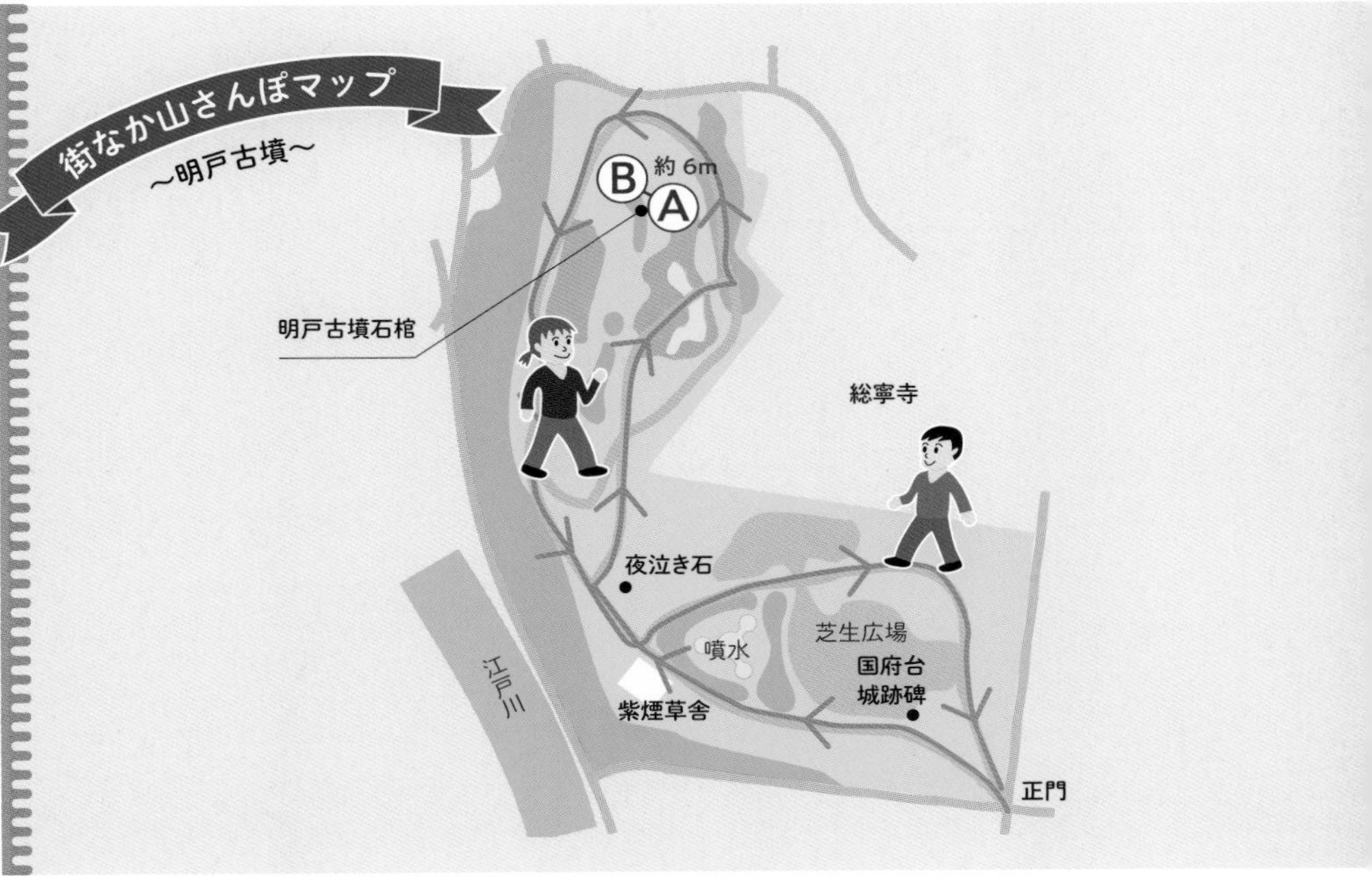

こぼれ話

ここに注目！

石棺には誰が眠っていた？

石棺に埋葬されていた人物は現在、古墳が築かれた当時にこの地を治めていた豪族だという見解が有力だ。また、公園内に置かれた「夜泣き石」の下に敷かれている板石が、蓋の一部だとも言われている。

ここに注目！

こぼれ話

Data

難易度：★

- 6m
- 30 分
- 千葉県市川市
- バス停「国府台病院」より徒歩 8 分

「夜泣き石」の伝説

北条軍に敗れた父・里見弘次を弔いに安房から訪れた 12 歳の姫。戦場の悲惨さを目にし、石にもたれ泣き続けた末息絶えてしまう。石から毎夜響く泣き声は、旅の武士が姫を弔った事で収まった。

東京周辺　超低山MAP

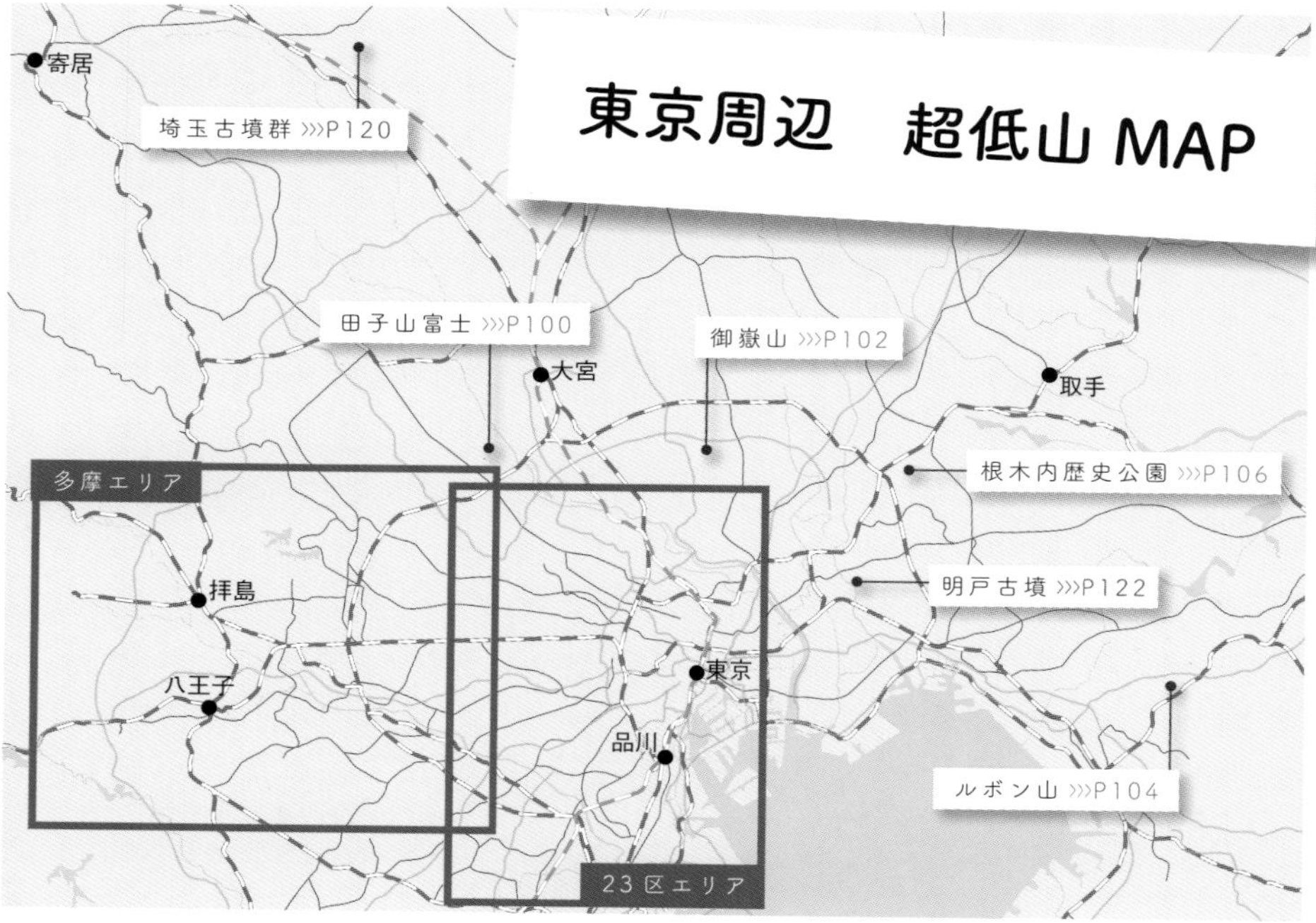
寄居
埼玉古墳群 ›››P120
田子山富士 ›››P100
御嶽山 ›››P102
大宮
取手
根木内歴史公園 ›››P106
多摩エリア
拝島
明戸古墳 ›››P122
八王子
東京
品川
ルボン山 ›››P104
23区エリア

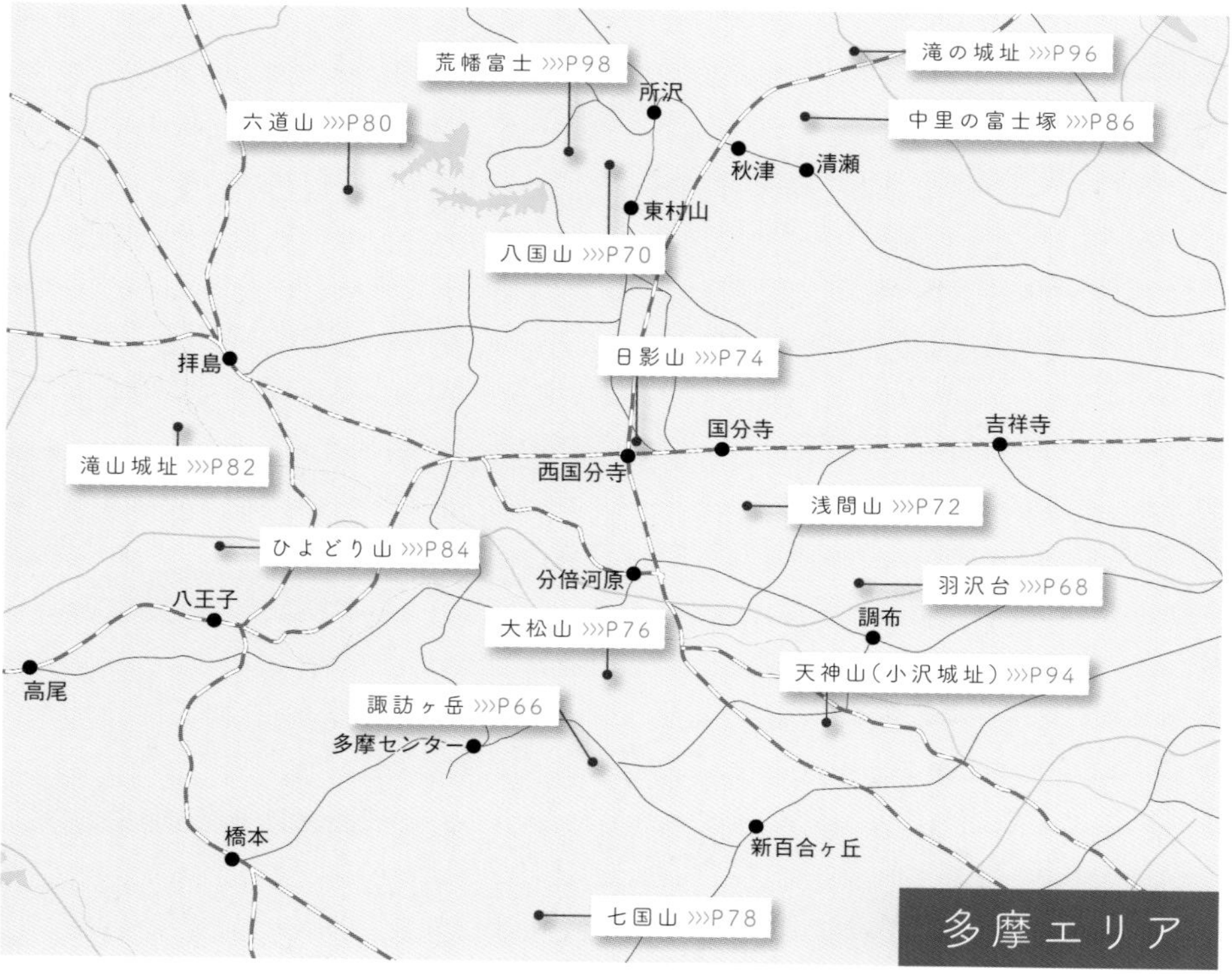
荒幡富士 ›››P98
滝の城址 ›››P96
所沢
六道山 ›››P80
中里の富士塚 ›››P86
秋津
清瀬
東村山
八国山 ›››P70
拝島
日影山 ›››P74
国分寺
吉祥寺
滝山城址 ›››P82
西国分寺
浅間山 ›››P72
ひよどり山 ›››P84
分倍河原
羽沢台 ›››P68
八王子
大松山 ›››P76
調布
高尾
天神山（小沢城址）›››P94
諏訪ヶ岳 ›››P66
多摩センター
橋本
新百合ヶ丘
七国山 ›››P78
多摩エリア

23区エリア

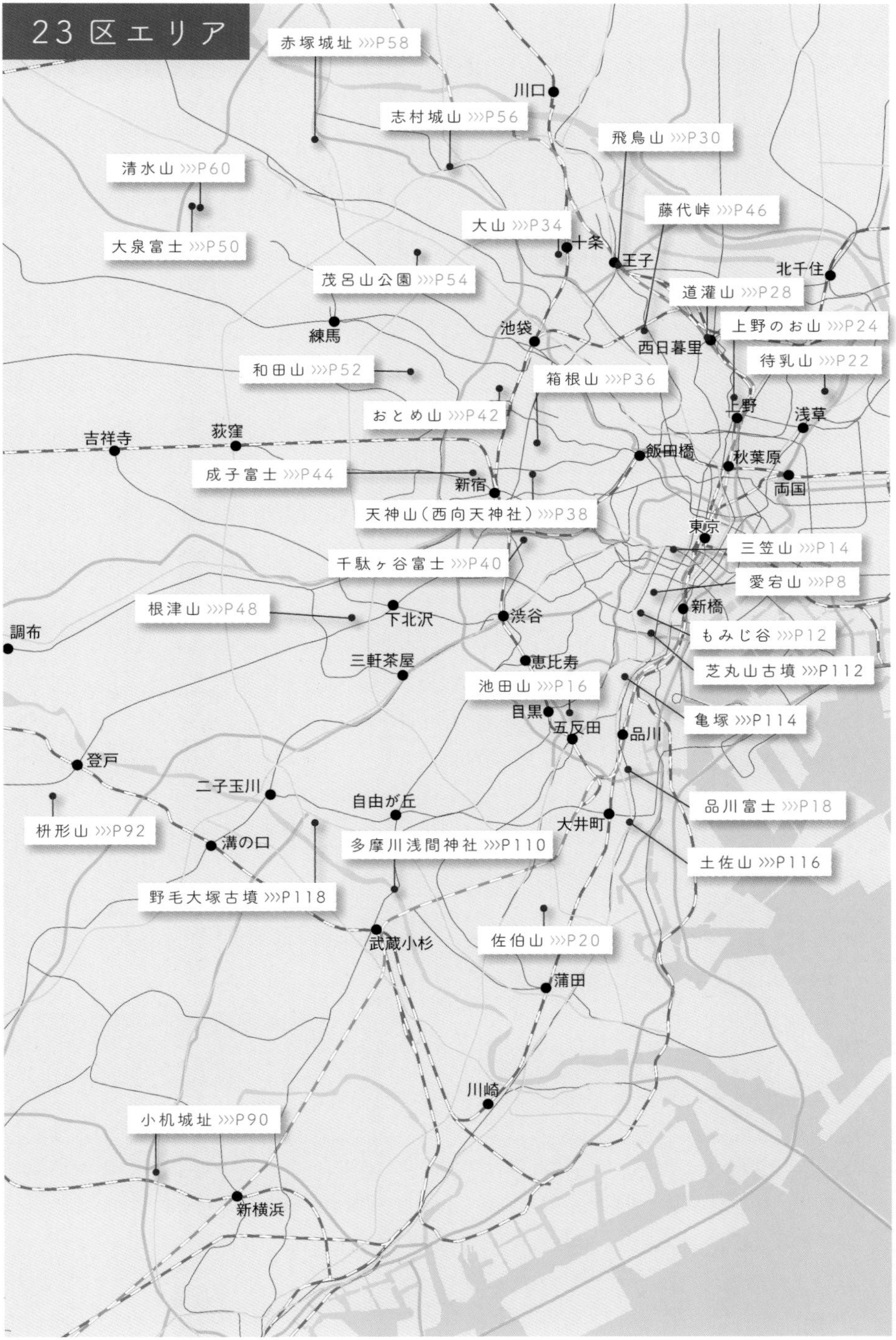
赤塚城址 ›››P58
川口
志村城山 ›››P56
飛鳥山 ›››P30
清水山 ›››P60
藤代峠 ›››P46
大山 ›››P34
十条
大泉富士 ›››P50
王子
北千住
茂呂山公園 ›››P54
道灌山 ›››P28
上野のお山 ›››P24
練馬
池袋
西日暮里
和田山 ›››P52
待乳山 ›››P22
箱根山 ›››P36
おとめ山 ›››P42
上野
浅草
吉祥寺
荻窪
飯田橋
秋葉原
成子富士 ›››P44
新宿
両国
天神山（西向天神社）›››P38
東京
三笠山 ›››P14
千駄ヶ谷富士 ›››P40
愛宕山 ›››P8
根津山 ›››P48
新橋
渋谷
下北沢
調布
もみじ谷 ›››P12
三軒茶屋
恵比寿
芝丸山古墳 ›››P112
池田山 ›››P16
目黒
亀塚 ›››P114
五反田
品川
登戸
二子玉川
品川富士 ›››P18
自由が丘
枡形山 ›››P92
大井町
溝の口
多摩川浅間神社 ›››P110
土佐山 ›››P116
野毛大塚古墳 ›››P118
武蔵小杉
佐伯山 ›››P20
蒲田
川崎
小机城址 ›››P90
新横浜

索引

な

は

ま

わ

ら

あ

か

さ

た

『江戸楽』編集部

取材・撮影・本文
堀内貴栄　尾花知美　宮本翼

デザイン・DTP
KAJIRUSHI

東京 街なか 山さんぽ
地形と歴史を楽しむ超低山ガイド

2020年12月10日　　第1版・第1刷発行

著　者　　『江戸楽』編集部（えどがくへんしゅうぶ）
発行者　　株式会社メイツユニバーサルコンテンツ
（旧社名：メイツ出版株式会社）
代表者　三渡　治
〒102-0093　東京都千代田区平河町一丁目1-8
印　刷　　三松堂株式会社

◎『メイツ出版』は当社の商標です。

ご意見・ご感想はホームページから承っております
ウェブサイト　https://www.mates-publishing.co.jp/

編集長：折居かおる　　副編集長：堀明研斗　　企画担当：折居かおる